都築政昭
Tsuzuki Masaaki

人間 黒澤明の真実

その創造の秘密

山川出版社

人間 黒澤明の真実

その創造の秘密

目次

・本文中にある引用文は「　」で囲ってあります。
・現代の人権意識に照らして不適切と思われる語句や表記がありますが、
時代背景等をかんがみ、そのままとしました。

序 章

巧妙に仕組まれた映画への道

山本嘉次郎監督との出会い

黒澤明は、子供のころから、父、兄の影響もあり映画を数多く観ている。子供が映画館に行くのは不健全とみなされた時代にである。

「僕の父親は軍人で、とても厳格だった。ところが、当時は映画を見るというのは教育上あまり好ましいことではないという風潮があったのに、進んで家族を連れて映画を見に行ったんです」(「黒澤明」ノーサイド一九九三年四月号)

主に洋画を観た。特に、連続活劇やウィリアム・S・ハート主演の映画①をよく観た。

「心に焼き付いているのは、映画の頼もしい男の心意気と、男っぽい汗の臭いである」(『蝦蟇の油』岩波書店)

中学卒業後、黒澤は画家を志す。しかし、世は世界恐慌の真っ只中。その嵐は日本にも襲い、深刻な経済不況の時代であった。国を憂う青年たちによるプロレタリア運動が盛んになると、黒澤も運動に身を投じ、日本プロレタリア美術家同盟に参加する。『建設現場における集会』や『帝国主義戦争絶対反対をデモへ!』を描いた当時の習作がある。そして、「画の本質に根を下ろした芸術運動というより、政治的主張が未消化のまま画にする傾向主義」(同前)に疑問を抱いた彼は、絵画への熱意が失われていった。そんなとき、兄の影響もあり、再び映画に魅力を見出す。

兄の丙午は、須田貞明という名で洋画の弁士(映画説明者)として頭角を現し、浅草の一流館や大勝館で主任弁士として活躍していた。青年・黒澤は、この兄からロシア文学や映画について、薫陶を受ける。

「文学についても映画についても、私は兄の識見に負うところが大きい。特に映画に関しては、その兄の推薦する作品を貪るように見た」（同前）

『鉄路の白薔薇』（アベル・ガンス）②、『結婚哲学』（ルビッチ）③、『黄金狂時代』（チャップリン）④、『戦艦ポチョムキン』（エイゼンシュタイン）⑤、『女の一生』（スタンバーグ）⑥など、「我ながら驚くほど、映画の歴史に残る作品ばかりを見ている。それも、みな兄のおかげだ」（同前）

黒澤は、「おれのパスがあるから、どこへでも行って見てこい」（「黒沢明・その作品と顔」キネマ旬報増刊一九六三年四月号）と、兄から貰った弁士用パスをフルに活用し、映画館を巡り歩いた。

二・二六事件のあった昭和十一年（一九三六年）、黒澤に大きな転機が訪れた。

P・C・L映画撮影所（東宝の前身）の助監督募集の新聞広告を見た。黒澤は、早速応募。不景気な時代で、応募者は五百人を超えていた。それでも一次、二次試験にパス、最後の口頭試問まで進む。ここで、後に恩師となる山本嘉次郎監督に会う。以下、山本の回想である。

「どのくらい常識のあるやつか試してみた。ところがどうして、なかなか見聞が広くて、うがった返事をしてくれるから、頼もしいという感じがしたよ。絵の話になると俄然また熱気を帯びてきて、それじゃあ君の好きな絵描きはだれかねと言ったら、（池）大雅、（富岡）鉄斎、それから現代では万（萬《よろず》）鉄五郎などの名をあげた。そのあげた理由というのが実にちゃんとしているんだね。これは下手な常識的な知識じゃあない。もっと深いものがあると思ったな。こういう人物をP・C・Lの将来のために置いておきたいという気持ちになったよ」（同前）

また別の回想記では、その博覧強記《はくらんきょうき》に驚いている。

「油絵はもちろんのこと、日本の古い絵もよく理解していた。また新劇もよく見ていたが能もよく見ていた。音楽はベートーベン、文学はドストエフスキーとバルザック、そして野球と相撲にくわしかった」(『春や春カツドウヤ』山本嘉次郎　日芸出版)

こうして、山本に気に入られた黒澤は、彼の強い推薦もあって、難関の助監督試験を無事にパスした。

「美術、文学、演劇、音楽、その他の芸術を貪婪《どんらん》に食い散らし頭に詰め込んだ私は、まるで前途に、そのすべてを吐き出し盛り込める映画という道がある事を見通していたように思えるかもしれないが、そんな事はない。なぜか私のために、そんな路線が敷かれていたような気がするのだ」(前掲『蝦蟇の油』)

黒澤には、巧妙に仕組まれた映画への道が用意されていたのか。そんな運命を感じさせる山本嘉次郎との出会いであった。

彼は、やがて山本監督の助監督として働く。この時、長く苦しい彷徨《ほうこう》の末に、やっと自分を生かす場所にたどり着いたことを実感した。

「私は、カメラの横の監督の椅子に腰を掛けた山さんの後に立って、やっとここまで来た、という感懐で胸が一杯になった。山さんが、今、やっている仕事、それこそ、私が本当にやりたい仕事だったのだ。私は、やっと、峠の上までたどりついたのである。峠の向こうには、開けた眺望と一直線の道が見えた」(同前)

黒澤は、兄の影響もあって、世界の名作を数多く観ていたことで、映画とは何か、映画の魅力や表現とは何かということを、自然に血肉化していた。単なる助監督では終わらなかった。山本監督の勧めもあって、シナリオを書き始める。映画のツボを心得た彼のシナリオは、次々に各種コンクールに入賞。東宝に黒澤ありと、たちまち評判となる。黒澤の才能が一気に開花したのである。

日本映画に対する警鐘

まだ助監督ではあったが、彼には日本映画の現状がよく見えていた。

「観客は映画館に何をしに来るのであろう。俳優と一緒に泣きに来るのである。笑いに来るのである。怒りに来るのである。しかるに、近頃の映画の傾向は、その俳優にしかつめらしい顔をさせて、お説教を語らせて得々としている。これは一切れの鱈を買いに来た客に一粒の肝油を売りつけるに等しい」(「わかりきった事」映画評論一九四二年二月号)

この評論は、彼が盛んに処女作を模索している時期のものである。

黒澤は、処女作『姿三四郎』、次回作『一番美しく』で、新進作家としての地歩を固め、監督としての第一歩を踏み出した。そして終戦。黒澤の活躍の舞台は整った。

「民主主義がこの大戦を通じて青春性を取り戻したように、日本のこの歴史的転換期は、日本映画がその青春性を取り戻す絶好のチャンスだと思うのである」(「映画が自由になる為に」シナリオ壱一九四六年八月十五号)

しかし、日本映画にはたくさんの課題があると考えていた。黒澤の目には日本映画の病根がはっきりと見えていた。それが、深い憂いとなって堰《せき》を切ったようにしゃべり出す。

「映画精神の薄弱が今日の日本映画の衰潮の根本的原因だと僕は言いたいのである。（中略）日本映画は一ぺん映画の故郷へ帰らなければならぬ。そして、再出発しなければならない。みんな一斉に映画のイロハから学び直そうではないか。映画とは何か？　映画精神とは一体どんなものだろうか？　映画独自の世界とは？　映画的感覚とは？　映画のテンポやリズムとは？　そして映画美とは？」（同前）

これは、日本映画全体に対する警鐘であり、一介の新進作家の発言にしては僭越《せんえつ》のそしりを免れない。豪語にも聞こえるが、その問いに、答える自信が黒澤にはあった。

終戦を機に、アメリカ映画がどっと流れ込んできた。若いころから慣れ親しんできたアメリカ映画の健在ぶりは、変わらなかった。

「そのつくる映画のどこを切っても映画以外の何物でもないというところが好きなのである」（「アメリカ映画の故郷」映画の友一九四六年十一月号）

ジョン・フォード⑦、キング・ヴィダー⑧、フランク・キャプラ⑨らが、アメリカ映画を牽引していた。

「この人たちの作品には、僕らが少年時代に胸を躍らせて見た、活動写真の何物にも代え難い楽しさ嬉しさ美しさが今なお脈々と生きています」（同前）

黒澤は、アメリカを映画の故郷だという。映画の「楽しさ嬉しさ美しさ」がそこにあると讃える。健全な市民感覚があり、人生愛、社会愛があり、モラルがあった。彼はそこから強い影響を受けた。

黒澤は戦後、焦土を背景とした『素晴らしき日曜日』や『酔いどれ天使』を発表するが、それらの名作は、アメリカ映画に見られる前向きで健全なモラルの影響を受けている。

「今の私としては、肯定的な主人公を創造して、立派な映画をつくるのが念願です」（「黒澤明監督と語る」隅田一郎　丸一九四九年九月号）

日本映画再生という夢に、黒澤は果敢に挑戦したが、そこにはアメリカ映画の健全な伝統が与《あずか》って大きい。

そしてさらに、ロシア文学、とくに長年愛読していたドストエフスキーの影響が、黒澤作品の精神的骨格を形成している。

『羅生門』の世界的な反響、『生きる』『七人の侍』での大成功は、黒澤を世界映画のリーダーに押し上げた。その黒澤が、戦後の日本映画再生の足枷の一つとして、無節操な映画批評を挙げている。

作品に全霊を賭ける黒澤にとって、映画批評はまるで「無政府状態」（「映画批評について」キネマ旬報一九四六年九月号　以下同）であり、「批評の暴力が横行闊歩している」と嘆く。

「揚げ足取りや、罵詈雑言の痛快味を売り物にした様な批評などは一種の社会的凶器のようなもので、日本映画の向上のために役立つどころか害になるだけでしょう」

このような状態が続けば「悪貨は良貨を駆逐」するばかりである。彼は、映画批評はもっと高い知性の「極く少数の選ばれた人達だけがなしうる仕事」だと言い切る。

「少なくとも作家達を大きくリードして引き付けていくだけの高い精神が根底になければ不可能な仕事です。作家たちより一歩も二歩も先を見透かし得る叡智《えいち》と、しかも作家と共に歩む忍耐力と、そしてそれを一歩一歩自分の理想に向かって導いて行く細心な努力とを必要とする仕事です」

これは、批評によってこれまでどれだけ傷ついてきたか、という黒澤の繊細な一面をのぞかせている。その反面、批評という仕事を一気に聖域に高め、批評も日本映画の再生のために共にタッグを組もうとの黒澤の宣言でもある。

そんな黒澤を師と仰ぐ外国の映画人の一人に『ゴッドファーザー』などで有名なフランシス・F・コッポラがいる。

「映画に名作とみなされる戯曲や、絵画と同様のクオリティーを求めた場合、作品は、力強さと人間性、ときめき、躍動感、迫力、そして哲学とユーモアの全ての要素が組み込まれていなければなりません。映画史上において、黒澤監督の映画は、これらの全ての要素を持つ数少ない映画だと真の意味で、言えるでしょう。それゆえアメリカのみならず世界中の映画ファン、あるいは文化人の間で、最も偉大な映画芸術家の一人として、認識されているのだと思います」(「黒澤明と私」『黒澤映画の美術・乱』学習研究社　以下同)

また、『スター・ウォーズ』で有名なジョージ・ルーカスは、『七人の侍』に触発されたことを次のように語っている。

「スクリーンにみなぎる力強いエネルギーに、ただただ圧倒され、初めて本物の映画と出会った！（中略）映画作りを勉強するのに、その道の達人に学ぼうとするのは当然の事。黒澤明はまぎれもなく、その達人の一人だと思うからこそ、私は黒澤映画に期待し続けるのです」

そして、ハリウッド映画を代表するスティーブン・スピルバーグも黒澤を畏敬する一人である。

「黒澤映画の魅力を私なりに表現するならば、その崇高さと、美しい映像の編成にあると思います。黒澤明は、言うならば、世界中の映画を愛する人々に贈られた日本文化の至宝です。なぜならば、映画における彼の主張には、普遍性があるからです。彼は映画を通して、人間の存在そのものを讃えているのです。そうした彼の一貫した姿勢が、地球上のあらゆる国々の映画人の尊敬を獲得しているのではないでしょうか」

スピルバーグは、映画を撮り始める前、必ず黒澤映画を観てから撮影に取り掛かるという。まさに、黒澤が映画の師なのである。

《参考資料》

①ウィリアム・S・ハート（一八九七〜一九四六年）：米国の俳優、映画監督。西部劇で一世を風靡。西部劇の先駆的存在。代表作は、ワイルド・ビル・ヒコックを描いた『2丁拳銃』。

②『鉄路の白薔薇』：監督・脚本／アベル・ガンス（一八八九〜一九八一年）。一九二三年（フランス映画・サイレント）、上映時間一九六分、一部と二部に分かれた長編。「フランスを愛する人、フランス映画を愛する人は絶対知っている名作」と淀川長治が絶賛の映画。

③『結婚哲学』：監督／エルンスト・ルビッチ（一八九二〜一九四七年）。一九二四年（米国映画・サイレント）、理想的な結婚生活を送る夫婦が青年医師の出現で、生活が乱されていく過程をコメディタッチで描いた初期の佳作。

④『黄金狂時代』：監督・脚本・制作・音楽・出演／チャールズ・チャップリン（一八八九〜一九七七年）。一九二五年（米国映画、サイレント）。チャップリン映画の最高傑作として、今日まで高く評価されている作品。

⑤『戦艦ポチョムキン』：監督・脚本／セルゲイ・エイゼンシュテイン（一八九八〜一九四八年）。一九二五年公開（ソビエト映画）、日本では一九六七年に公開。後の映画人に影響を与えたモンタージュ理論を確立した作品としても有名。作品内容は、一九〇五年に起きた戦艦ポチョムキンの反乱を描いたも

ので、映画の世界に革命をもたらした作品。

⑥『女の一生』：監督／ジョセフ・フォン・スタンバーグ（一八九四～一九六九）。一九二九年（米国映画）。モーパッサンの『女の一生』を彷彿とさせる内容だが、サミエル・オニッツの原作。ここまでがサイレントで、このあと、『嘆きの天使』『モロッコ』間諜Ｘ27』など傑作を世に送る。

⑦ジョン・フォード（一八九四～一九七三年）：米国映画監督。詩情豊かな映像の詩人といわれ、数多くの西部劇の傑作を生んでいる。代表作に『駅馬車』『荒野の決闘』『幌馬車』『長い灰色の線』『リバティ・バランスを射った男』ほか。

⑧キング・ヴィダー（一八九四～一九八二年）：米国映画監督。『群衆』などサイレント期に多くの傑作を残し、トーキー時代に入っても、『ソロモンとシバの女王』『戦争と平和』『星のない男』『白昼の決闘』『摩天楼』と話題作を数多く生み出している。

⑨フランク・キャプラ（一八九七～一九九一年）：米国映画監督。イタリア、シチリア島出身。『或る夜の出来事』『オペラハット』『我が家の楽園』でアカデミー監督賞を三度受賞、『素晴らしき哉、人生』でゴールデングローブ監督賞を受賞。絶望を勇気に変える作品が、多くの支持を受ける。

第１章

黒澤明のルーツ

大正３年の黒澤家記念写真。
後列右から２人目が父・勇、前列右端から左へ兄・丙午、母・シマ、明（当時５歳）。提供・黒澤プロ

威厳に満ちた父の思い出

黒澤は昭和二十年（一九四五年）の終戦間近、秋田の疎開先の両親を見舞ったことがある。それが父との最後になった。

『一番美しく』のあと映画化はされなかったが、『どっこい！　この槍』⑩のシナリオを書いていた。ラストを桶狭間の合戦で信長らが馬を飛ばして駆けつける設定で、馬の調達のため山形に出かけた。有数な馬産地であったが、戦時下で馬はすべて徴用され、頑健な馬はいなかったので断念した。

そのついでに、足を延ばして疎開中の両親を訪ねた。

「この時、父と過ごした数日間は、父との最後の別れになる。父は『姿三四郎』を見てから疎開したのだが、私の嫁の顔は見た事もなく、その嫁の事をしきりと聞きたがった」（前掲『蝦蟇の油』）

帰る時、父は、黒澤にリュック一杯の米を背負わせた。妊娠している嫁にせめて米を食べさせたいとの親心である。この時お腹には、長男・久雄がいた。リュックは恐ろしく重いものになっていた。

「東京へ帰る時のことだ。もう会えないかもしれない――私は家の門前から真っ直ぐ続く一本道で何度も振り返って、私を見送っている父と母を見た。（中略）

その時、すぐさっさと家の中へ入ってしまったのは母の方で、父は、豆粒のようになっても、まだじっと見送っていた」（同前）

黒澤は、「父の方がセンチメンタルで、母のほうがリアリストだった」（同前）と書いている。

黒澤は質実剛健で涙もろい父を愛し、畏敬し、男の理想とした。そして自分の気質や感性が父と共有していることを知った。

父・勇が生誕した地は秋田県仙北郡豊川村（現在の大仙市）である。慶応元年に、九人兄弟の末っ子として生まれた。黒澤家は代々神職に従事し、村の要職にもついていた。明治維新に繋《つな》がる戊辰戦争の際、新政府軍に味方したこともあって後に帯刀御免を受け、維新政府から士族に列せられた。

この黒澤家には、家柄の系図が代々伝わっていて、中学生の時、この地を訪れた黒澤は、本家の神棚の袋戸から出された系図を見せられた。

祖先は、平安中期の陸奥《むつ》の豪族・安倍貞任《あべのさだとう》⑪とあった。その貞任の三男が黒澤家の祖先にあたるとあった。

安部一族は縄文の民であり、土着の蝦夷《えぞ》である。渡来系の弥生の民である大和政権の奥州制覇により、前九年の役で源頼義に滅ぼされるまで安倍氏は約二百年君臨したといわれる。

以後、武田信玄が活躍した永禄年間に、中興の祖である安倍忠久が初代の神職となり、やがて黒澤に改名し明治に至ったのだという。

この父は、若いころ血気盛んで、蛇を捕まえて鉢巻きにし、雷が鳴ると、村中を大声あげて駆け巡ったという。黒澤の姉の春代から聞いた話として、草柳太蔵が記している。（「新々実力者の条件」草柳大蔵　文藝春秋）

父・勇は軍人を志し、十六歳の時、仙台鎮台（のちの師団）に入団（明治十四年）、二十一歳で陸軍歩兵曹長に任官する。

翌年上京、陸軍戸山学校（士官養成校）に入学、二十四歳で第一期生として卒業、以後教官としてとどまる。世は富国強兵と近代化の時代だが、まだ日清・日露戦争前であり、勇には戦役の体験はない。将来の軍人を育てる予備教育として国民体育への関心が強かった。

そこで退役軍人の日高藤吉郎に協力する形で、日本体育会体操学校（現・日本体育大学）の創設に参加する。

「一度は軍人になったものの、途中でスポーツというかな、体育方面が好きになって、日本体育協会というやつに関係を持つようになった。日本ではじめて水泳プールを作った話なんか、親父の自慢の種だったね。なにしろ明治の話だから、日本の体育会では開拓者の一人ということだろうな」（「黒沢明・その作品と顔〈所収〉・わが映画人生の記」キネマ旬報増刊一九六三年四月号）

黒澤が生まれたのは、明治四十三年（一九一〇年）三月二十三日である。場所は東京府荏原郡大井町一一五〇番地（現・品川区東大井三丁目十八番地付近）。父・勇は四十三歳、母・シマは四十歳。二人の間の四男四女の末っ子であった。

黒澤は、幼稚園も小学校も森村学園に通うが、大正七年（一九一八年）に家が転居、小石川区西江戸川町九番地（現・文京区水道二丁目四番地）、旧武家屋敷の一角に移る。少年時代の思い出が詰まった小石川での生活が始まる。

この転居は、日本体育会の常勤幹事として長年要職にあった勇の退職と軌を一にしているが、その原因は定かではない。ただ、当時の新聞によると経理上での不始末に巻き込まれたようであり、それが原因と思われる。この時、父・勇五十二歳、黒澤は八歳であった。

黒澤は黒田尋常小学校に転入するが、この小石川時代は、父・勇と末子・明との間で親子の濃密な時間を過ごす。体育こそ人間を育てるという信念を持った勇は、明にスパルタ教育を強いる。

それは過酷な剣道修業の日々である。早朝から剣道の朝稽古、その帰りに神社参拝、朝食後に登校し授業、帰ると書道に通った後、担任の立川先生宅に通う。このハードスケジュールを毎日実践。しかし、この辛い試練に耐えることで、心身が逞しくなることを実感、「何か自足に満ちた心持」（前掲『蝦蟇の油』以下同）になった。この心身の鍛錬こそが、黒澤映画において、人間の成長を描く場面において欠かせないテーマである。この少年期にルーツがあるといえよう。

当時の勇は、明の目には威厳に満ちて、その態度は厳格そのものであった。

「（僕が）子供の頃は（父は）チョン髷《まげ》を結い、この話の頃も、よく床の間を背に正座して、刀を垂直に持ち、その刀身に打ち粉をしていた」

家風は質実剛健、食事の作法も厳しかった。

「箸の使い方を間違えると、父は箸を逆手に持って、その箸の頭で、私の手をピシッと打つ」

そんな父だったが、一家連れで映画をよく観たという。新しい映像文明に、よほど興味があったのであろう。神楽坂の洋画の常設館で、黒澤少年は映画初期の無声娯楽映画に夢中になった。

父は映画だけでなく、寄席にもよく連れて行ってくれた。この父には、庶民芸術への強い関心があったのか、黒澤は幼いころに一流の芸に接し、豊かな感性に育った。どうやら父・勇の中にある芸術的志向と感性を、黒澤は受け継いだようである。

当時の黒澤家は典型的な家父長家族であり、『生きものの記録』の主人公・中島喜一を見ると、その面影がある。核の死の灰に恐怖を感じ、一家を守るために南米移住を独断で強行する中島の姿は、勇のイメージに重ねたのではなかろうか。

この固い絆で結ばれた家庭も、やがてほころび始め、暗転していく。

焦るな焦ることはない

秀才の誉れ高かった四歳上の兄の丙午《へいご》が、名門校で知られた府立一中（現・日比谷高校）の入学試験に失敗した。その時、「突然のつむじ風が我が家を吹き抜けた」と黒澤は、跡取り息子の志望校への入試失敗に、家中が動揺している姿を伝えている。当時、黒澤家は、両親と兄・丙午、それに姉が三人（春代、種代、百代）の七人家族だった。

こんなエピソードがある。黒澤が小姉《ちい》ちゃんと呼んだ五歳上の姉・百代《ももよ》は、一番きれいで優しく、透明なガラスのように繊細な神経の持ち主だった。

ある時、兄の丙午が、体操学校の高い梁木《りょうぼく》（平均台みたいなもの）を渡っていて風でバランスを失い落下、危うく命を落とすところだった。

「その血だらけの兄を見て、一番下の姉が急に『私が代わりに死にたい』と泣き出した」

このややもすると感情過多と思える性格は、黒澤家に共通に見られる。

「どうも私の血統には、感情過多で理性不足、感じ易くてお人よしという、センチメンタルで馬鹿馬鹿しい血が流れているらしい」

黒澤の異常なほどの感情移入と集中力、それは映画監督としての成功に大きく関わっている。彼は「私の血統」に誇りと同時に危惧を、諸刃《もろは》の剣のように感じ取っている。生命が高揚している時、それは偉業に繋がる援軍となるが、いったんその潮が引き出すと厄介な事になり、破滅的な悲劇が待ち構えているのである。

この兄は口癖のように、「俺は、三十になる前に死ぬ、人間三十を超すと醜悪になるばかりだ」と言っていた。

そして、昭和八年（一九三三年）七月十日、丙午は、女と伊豆で心中する。

黒澤は父と一緒に、兄の遺骸を引き取りに行った。

「肉親の兄を、同じ血の流れている兄を、その血を流している兄を、そして、私にとって掛け替えのない、尊い兄が死んでいるのを見ていたのだ」

兄の死で「跡取り息子」となった黒澤は二十三歳。映画界に入ったのが二十六歳だから、この三年間を自伝に「危ない曲がり角」とタイトルをつけていた。先に記した黒澤の彷徨の時代である。

画家への強い憧れを持ちながら、

「次第に自分の才能に自信を失い、絵を描く事自体が苦痛になって来た」

述べたように兄・丙午は生前、無声映画の弁士として名を売り出していた。黒澤は、その兄の長屋へ転がり込んだ。

ここで、思わぬ浮世大学で人生を学ぶことになる。

彼は、兄から借りた定期券や長屋の老人たちから借りたパス券などで、存分に映画を楽しんだ。さらに下足番をしている老人の顔で毎晩寄席なども楽しんだ。

「落語、講談、音曲《おんぎょく》、浪花節、この庶民に親しまれた芸を、それが将来の私にどれほど役に立つかなどとは夢にも考えずに、私はただ気楽に楽しんだ」

さらに黒澤は、長屋の住人たちの生活をつぶさに見た。

「長屋の人達が陽気に明るく洒落《しゃらく》に暮らしている、その陰に怖いような暗い現実がかくされている事に気が付く」

孫娘を強姦《ごうかん》、狂言自殺、継子《ままこ》いじめなど陰惨極まる話をじかに見聞きし、庶民の人間模様を肌で学んだ。

兄の突然の死が黒澤にもたらしたのはなんだったのか。三年間の彷徨の果てに、やっと父母の許に帰った黒澤は、定職もなく「いつまでもぶらぶらしている自分が歯がゆかった」。

家の生計は、森村学園の教師をしている姉・春代が負っていた。絵具やキャンバスを買う金は、雑誌のカットや、料理学校の教材の大根の切り方の絵や、野球雑誌の漫画などを描いて賄《まかな》ったが、父母を安心させたい、キチンとした仕事に就きたいと、焦りの日々を過ごした。

このころの父は、息子を信じ切っていたのか、悠然と見守っている。そこに父の深い愛情を感じている。

黒澤が絵画の道を選んだ時も、父は善《よ》しとした。二科展に入選した時には、「父は喜んだ」と素直に父のことを記している。父は、画家として生計を立てていくのは困難な道だと判っていても、息子の才能を信じて疑わなかったようである。

「父がどんな画の勉強をしてきたのか、と聞きたがったのには閉口して、適当な苦手の嘘をつくほかはなかった。私は、画家としての私に期待しているその父を見ると、また画描きとして出直そうと、デッサンに取り組み始めた」

この父は、芸術というものを理解していた節がある。当分は食えなくとも、画家の道に精進する息子を頼もしくも思っている。

　他に職を得て家計を助けたいと焦る息子に、父はその逸《はや》る心を制した。

「父は、その逸る私の手綱を取って放さなかった。焦るな、焦る事は無い、と焦る私に父は言った。焦らずに待てば、自ずと進路は開ける、という父の言葉に、どういう根拠があったのかよくわからない。たぶん、自分の苦《にが》い人生行路の経験がそう言わせたのだろう。そして、その言葉は、驚くほど正確に的を射ていたのである」

　そんな時に目にしたのが、昭和十一年（一九三六年）一月十二日の東京朝日新聞の、P・C・L映画製作所の助監督募集の広告だったのである。ところが、試験会場に行ってみると、「P・C・Lの中庭は、人でいっぱいだった。（中略）私は、募集の人数は五名だと知っていたから、この百名を超す人達を見て、試験に合格する気は全く無くなった」と諦め気分だったようだ。先にも記したが、実はこの日、五百名以上の人が集まったようである。黒澤がそんな気分になるのも無理のないことだった。

　ところが、この難関の採用試験に合格してしまうのである。それでも当初は、ドーランを塗った女優達を見て気持ちが悪かったりして、あまり気乗りがしなかった黒澤は、父に相談した。

「父は、その私に、いやなら何時でも止めればいい、しかし、何事も経験だ、一ヵ月でも一週間でもいいから、行ってみたらどうだ、と言った」

　黒澤には、激戦を勝ち抜いた「選ばれし者」という自負はまるでない。家長としての父の助言、その父への信頼が黒澤の映画への道を開いた。

　こうして、黒澤はP・C・Lに入社。山本嘉次郎監督の下で、映画人生をスタートした。入社翌年の昭和十二年、P・C・Lは東宝映画株式会社になった。彼は山本の助監督として、長い彷徨の末にやっと自分を生かせる仕事につけた。

処女作『姿三四郎』が大ヒット

黒澤は、助監督生活六年という超スピードで、監督に昇進。それまで黒澤は、情報局や映画会社のシナリオ・コンクールに次々に入賞し、東宝に黒澤ありと広く知られるようになった。しかし、戦時下のため、作品選びに悩んだ。時局柄、戦意高揚映画を要求された。いくつか書いたシナリオは潰された。次に出したのが、日露戦争の建川斥候隊の冒険小説（山中峯太郎原作）を題材にした『敵中横断三百里』という勇壮な作品だったが、今度は、「スケールが大きすぎる」と断念させられた。

そんな時、新聞の新刊書籍の広告が目に留まった。それが富田常雄著『姿三四郎』であった。そこには、〝明治初年の柔道の達人　姿三四郎の痛快極まる武勇伝〟とあった。早速、本を手に入れると、すぐに読み、一気呵成にシナリオを書き上げた。このシナリオを読んだ山本嘉次郎は、「とても面白く、力強くて、芯がピーンと張りつめている脚本だった」（『カツドウヤ自他伝』山本嘉次郎　昭文社）と記している。

こうして、黒澤は処女作『姿三四郎』で華々しくデビュー、そしていきなり大ヒットさせた。この作品は、厳しい試練に耐え、己を無にすることで試合を勝ち進む柔道家・姿三四郎の成長の物語である。黒澤は、処女作から映画監督の天分をいかんなく発揮する。

黒澤の父は、『姿三四郎』（一九四三年）を観たあと、秋田の田舎に疎開。黒澤は、『酔いどれ天使』

（一九四八年）撮影中に父の訃報に接したが、父の葬儀には出席できなかった。

「父の死の知らせを受け取った日、私は一人で新宿へ出た。そして酒を飲んだが、ますます気が滅入るばかりだった。私は、そのやりきれない気持を抱いたまま、新宿の人ごみの中を、目的もなく歩いた。その時、何処かのスピーカーから、郭公《かっこう》ワルツが聞えて来た。その明るい音楽は、その時の私の暗い気持ちを一層陰鬱な堪え難いものにした」（前掲『蝦蟇の油』以下同）

自伝のようなものとして書いた『蝦蟇の油』は、黒澤に最も影響を与えた父・勇と兄の丙午、そして映画の師・山本への鎮魂歌のような趣がある。なかでも父・勇への思い出が最も多くページを割き書かれてある。そこには家長としての威厳に満ちた父を、人間としての理想と見た黒澤の思いが託されているように思える。

焦土は絶好のフィールド――戦後四部作『素晴らしき日曜日』『酔いどれ天使』『静かなる決闘』『野良犬』

昭和二十年（一九四五年）八月十五日、黒澤は東宝撮影所で天皇の終戦の詔勅を聞いた。彼は住んでいた祖師谷（世田谷）から商店街を通って撮影所に行ったが、商家の人々の行きの鬱然《うつぜん》とした緊張感と違って、帰りは祭りの前日のように浮き浮きとした表情に驚いた。彼は日本人の「柔軟性なのか、虚弱性なのか」という性格に、自分をも含めて考えた。

「終戦の詔勅がなく、いや、あれが一億玉砕を呼びかけるものだったら、あの祖師谷の人達は、それに従って死んだろう。そして、おそらく、私もそうしたであろう」

彼は娯楽の王者だった映画メディアに携わる一員として、戦時中の自分を大いに反省した。

「戦争中の私は軍国主義に対して、無抵抗だった。残念ながら、積極的に抵抗する勇気は無く、適当に迎合し、或いは逃避していたと言わざるを得ない。これは恥ずかしい話だが、正直に認めねばならぬ事だ」

勇敢に戦った同僚が東宝の文化映画部にいた。亀井文夫⑫は、反戦映画『戦ふ兵隊』を作った廉《かど》で牢獄に繋がれた。彼は十五年戦争を侵略戦争として捉え、世界情勢を正確に把握して、一表現者として行動したが、黒澤にはこうした国際感覚は無く、まさに一市井の人だったのである。

戦時中、黒澤は次のような文章を書いた。

「絶対面に面した時の日本人の持つ純粋性、純粋な心――この再発見にこそ、新しい日本の出発があった筈である。（中略）己を空しくする事を知らずして、日本人を描くことは出来ない」（前掲「わかりきった事」）

黒澤の戦後は、猛省から始まった。師の山本嘉次郎監督との対談で、
「戦わなかったというだけでも、責任だと思います。それを自分自身を欺瞞してやったことは、芸術家として恥ずべきことだったと思う」（「映画作家の師弟対談記」東宝一九四六年三月号）
黒澤は、自責の念を抱きながらも、それを発条《ばね》にして戦後を生きようとした。日和見と変節、その生き恥を晒《さら》しながらも、彼は新しい時代に前向きに進む以外になかった。
終戦直後の黒澤は、軍国時代に対する強い憤りを持っていた。作品にもそれがストレートに反映された。彼は、京大事件に材を取った作品を左翼的劇作家だった久板栄二郎にシナリオを依頼した。

一方で、敗軍の将・東條英機をテーマにした「星一号」のシナリオを書いていた。東宝の製作者・松崎啓二の証言がある。

「黒澤に会った。彼は名付けた仮題『星一号』という東條英機をテーマとする映画の脚本に夢中になっていた。

『しかし、面白いテーマだな、久板君のシナリオが出来て、この仕事と、うまく、ぶつからないならやるかな』

こんな調子に彼は答えるのだった」（「わが青春に悔なし・製作覚書」映画製作一九四六年七月号）

『星一号』とは、東條が乗っていた乗用車の別名である。東條は、日本を無謀な太平洋戦争に踏み切らせた元凶である。しかしこの時期、東條を題材にするのは、まだ性急であり、一人に戦争責任を取らせることの愚を恐れたためか、没になる。

結果、ファシズムと闘って弾圧された犠牲者への鎮魂的作品『わが青春に悔なし』を戦後第一作に選んだ。学問の自由を奪われた「瀧川事件」の京大教授・瀧川幸辰⑬、そして「ゾルゲ事件」で死刑になった尾崎秀実⑭をモデルにストーリーは展開する。この事件を背景に、信念に生き抜く野毛（藤田進）と、そんな野毛に惹かれた幸枝（原節子）は、苦難を承知で彼と結ばれた。しかし、つかの間の新婚生活も、激しい歴史の流れの中で、悲劇の波に飲み込まれてしまう。

野毛は逮捕され、幸枝も参考人として逮捕されてしまう。刑事から、夫は「戦争反対の大陰謀をしていた」と告げられる。そして、野毛は獄死、幸枝は生きて獄を出る。

終戦後、ここから幸枝の戦いが始まる。夫の郷里へ帰った幸枝は、自らの信念に殉じた夫の遺志を継ぎ、農村の文化運動のリーダーとして、自立した「新しい女」として逞しく生きる。〝自我の尊重〟こそ大事であるという時代の熱気が伝わってくる。

この作品を境に黒澤は、過去へのこだわりを一挙に捨て、焦土と化した現実に目を向け、その厳しい現実をいかに生きるか、作家としての使命感に燃えた。

目の前には、焦土と化した戦後日本の混沌とした廃墟が広がっていた。黒澤は、閉塞した時代を突き抜けて、表現の自由を満喫できる今に、無限の可能性を感じていた。

黒澤の天賦の才が本格的に発揮される舞台は、終戦後の焦土と化した日本であった。

敗戦による世情の混沌。その中でも逞しく生きる青春群像を鮮烈な映像で描き、人々に生きる希望と勇気を与えたいと、無頼派を標榜する坂口安吾や太宰治、石川淳などの文学とは一線を画し、真っ正面から大衆の魂を揺さぶる映画を作った。

彼の創作ノートに、

「新しい時代は新しい人間の創造を求めている。俺がやるのだ——偉い人が出ても決して国民的英雄とはなりえない。これではいかん。我々がそういった人達を国民的英雄にして見せる必要があると思う」と獅子吼《ししく》している。

新しい時代の求めるヒーローを、映画を通して俺が作るとの宣言である。その「国民的英雄」を、黒澤は復員兵たちに託した。

こうして戦後四部作が誕生するのである。『素晴らしき日曜日』『酔いどれ天使』『静かなる決闘』『野良犬』である。『酔いどれ天使』のアル中医師・真田、『静かなる決闘』の藤崎医師、『野良犬』の村上刑事もすべて、正義感の強い人間愛に満ちた市井の人である。これが黒澤の考える新しい〝国民的英雄〟なのである。

戦後、日本映画の活躍は、黒澤を中心に文学を凌駕したと桑原武夫（当時、京大教授。フランス文学者）や梅原猛（哲学者。文化勲章受章）は評価した。日本人の時代精神をリードしたのは文学だけではなく、映画だったかもしれない。

終戦時、黒澤は三十五歳の若さだった。

「今の私としては、肯定的な人物を創造して、立派な映画を作るのが念願です。そういう方向へ自分のコースを向けたいと漠然と考えているうちに、徐々に映画に作りたい対象がはっきりしてくる」（前掲「黒澤明監督と語る」隅田一郎）

黒澤は、渋谷・道玄坂の洋食屋の二階で、プロデューサーの本木荘二郎、シナリオ担当の旧友・植草圭之助と、新しい作品について語り合った。

「戦争中の事はもういいよ。すべてご破算だ。日本もぼくたちもゼロからの出直しだ。過去の事にこだわっている暇に、今日を、明日をどう生きるかだ。みんな虚脱状態に陥っているんだ。それを、どう新しく、強く生まれ変わって第一歩を踏み出すか、おれたちの仕事の目標もそこに置くべきだ」（『わが青春の黒沢明』植草圭之助　文藝春秋）

こうして黒澤は、『素晴らしき日曜日』に取り組んだ。彼は、貧しい一組の恋人たちの一日を追うことで、戦後風景を活写した。

「殺風景な背景と激しい現実の風に呵責《かしゃく》なく恋人たちを晒してみようと思っている。そして、そういう中から萌え出してくるような夢をつかまえてみたいのだ」（「『素晴らしき日曜日』について」映画ファン一九四七年四月号）

雄造（沼崎勲）と昌子（中北千枝子）は日曜日にデートする。二人は三十五円を握り、楽しみにしていた動物園へ。しかし雨。『未完成交響曲』の演奏会は、ダフ屋に切符を買い占められ、入れない。つぎつぎと楽しみは消えていく。それでも二人は、少しでも楽しみを紡ぎ出そうと、夜の日比谷の野外音楽堂に足を延ばす。そこで、二人だけの演奏会を試みる。指揮棒を振る雄造、観客は昌子一人。貧しい恋人たちは、『未完成交響曲』に夢を託し、現実に負けないで素晴らしい日曜日を演出する。二人の想像力は、ついにシンフォニーを奏で始める。

黒澤は、雄造をはじめ四部作の主人公をすべて復員軍人にした。尊い青春期を戦争に奪われた彼らは、無一文で焦土に帰ってくる。しかし、不平不満を社会にぶつけ、反社会的に生きることを黒澤は拒んだ。むしろ、逆境を発条《ばね》に乗り越え、強く生きる人間に黒澤は理想を託した。

『酔いどれ天使』では、共同執筆者の植草圭之助は、ヤクザの青年・松永（三船敏郎）を同情的に描こうとして、黒澤と対立する。

「悪を生み出す社会にも、まともな生活を営む真面目で善良な人達もいるのだ。その人たちを脅かし、その人たちの生活を破壊して生きる人間たちを赦《ゆる》す事は出来ない。（中略）犯罪者を生み出したのは、社会の欠陥だとする論理には一面の真理はあるにしても、それを論拠にして犯罪者を弁護するのは、社会の欠陥の中で犯罪に走らずに生きる人たちを無視した、詭弁に過ぎない」（前掲『蝦蟇の油』）と、黒澤はヤクザの存在を美化することを否定した。

このヤクザと対峙するのは、ヒューマンな医師の真田（志村喬）。しかし、品行方正な人物では、ドラマに深みが出ない。そこで黒澤は、よりリアリティを出すために、この医師をアル中に設定して、人間臭さを加えた。

結核菌に蝕《むしば》まれたヤクザの松永を、真田は本気で救おうと躍起となる。しかし、その甲斐もなく、松永は自滅していく……。

黒澤は、演出ノートに次のように書く。

「動物的な欲望や活力は、あくまで旺盛であるべきだ。しかし、それに打ち勝つだけの強い理性をもっていなければ人間とは言えないのだ。この作品を貫いているものは、そういう意味の人間復興の精神である」（「『酔いどれ天使』の演出ノートから」映画春秋一九四八年四月号）

黒澤は、同じ結核患者の少女（久我美子）が結核と闘い、病魔を克服する姿を通して、「人間に一番必要な薬は理性なんだよ」と、真田に語らせている。黒澤はここで、時代精神の「理性」を強調、同時に「復興精神」こそ、焦土から立ち直るための大きな柱であると主張した。

この映画で、黒澤は初めてドストエフスキー的な善と悪が二極対立したドラマを描く。


三作目は『静かなる決闘』。主人公の藤崎（三船敏郎）は、軍医として戦地で手術中に患者の兵隊からスピロヘータ（梅毒）をうつされたという設定である。

復員後、藤崎は父の産婦人科病院で働きながら、必死で治療に専念するが思うように治らない。藤崎は、彼を待ち続ける許嫁の美佐緒（三条美紀）との結婚を、踏み切れないでいる。彼女は彼の煮え切らない態度が理解できない。

父から責められた彼は、もし美佐緒に話せば、治るまで何年でも待つと言うに違いない。

「僕はそんなところへ、あの人の青春を追い込む勇気はありません」

藤崎は、「純潔でありながら純潔を失う」という不条理を生きなければならなかった。ついに、美佐緒と別れることを決意する。彼はその苦悩を看護婦にぶちまける。

「この汚れた肉体の中で、いまだに新鮮な人間の欲望だけが……こんなにもハツラツと生きている」

黒澤はこのシーンを、三船の独白を三分四十秒という長回しの一カットで描く。

それは、戦後の性の解放、放縦な性の堕落に対して、黒澤は、ストイックに生きる理性の人・藤崎を、〝聖者〟として描いている。藤崎はやや観念的な人物に描かれているが、黒澤の思いを体現した藤崎の姿は、どこか崇高なものがある。

『野良犬』は、戦後作品の集大成である。社会悪と敢然と戦う村上刑事（三船敏郎）と、人生に敗北して反社会的な行動に走る強盗殺人犯・遊佐（木村功）との対決を軸にドラマは展開する。この二人は復員兵であり、帰還の列車の中で、それぞれ大事なリュックを盗まれる。毒々しい気持ちを抱きながらも、村上は、「ここが危ない曲がり角だと思いましてね……僕は、逆なコースをとって今の仕事（刑事）を志願したんです」と語る。一方の遊佐の思いは、彼の恋人・ハルミ（淡路恵子）の口を通して語られる。「みんな世の中が悪いんだわ。復員軍人のリュックを盗むような世の中が」。

戦後のカオスが生んだ対照的な二人の対決が、このドラマの主軸となる。

村上刑事は、射撃の練習の帰り、バスの中でピストルを盗まれる。このピストルを殺人犯・遊佐の手から取り戻すまでのスリリングな展開は、後に刑事ドラマのモデルとなった。

ピストルを盗まれるという屈辱の日から、村上の必死の捜査は始まる。彼は、真夏の闇市を日夜くまなく歩きまわり、やっとピストル売買の現場に遭遇。しかし、焦る村上を尻目にチャンスは遠のいていく。

後半は、ベテラン刑事・佐藤（志村喬）が加わり、ストーリー展開に厚みを増す。ベテランと新米、沈着冷静な佐藤とヘマばかりする村上の追跡劇は、ジョルジュ・シムノン⑮の探偵小説を彷彿とさせるスリルとサスペンスに満ち、娯楽性満点。こんなところにも読書家・黒澤のセンスが垣間見られる。

さて物語は、野球場で巧みにピストル売買のボスを捕まえ、彼の口から遊佐が浮かぶ。自宅捜索から遊佐の恋人でダンサーのハルミを突き止める。二人の刑事はハルミのアパートへ。村上は、性急に遊佐の居場所を迫るが、頑として口を割らない。ベテランの佐藤は、部屋にあったマッチ箱から遊佐の滞在ホテルを摑《つか》む。

外は雷鳴と豪雨、遊佐のくれたドレスを着て狂ったように踊るハルミ。ホテル玄関では遊佐に撃たれた佐藤にたたきつける雨！

病院で号泣する村上。一夜が明け、陽の射す病室の前に現れたハルミの口から、遊佐との待ち合わせの駅名を知らされる。

早朝の駅の待合室。見回す村上の目と遊佐の目がカチッと合う。逃げる遊佐、追う村上。雑木林で対決する二人。ダーン！　遊佐のピストルの発射音。村上の左腕から滴る血。そして二発目、カチリ！　と弾丸が切れた音。即座に村上が飛びかかる。激しいもみあいの末、力尽きる遊佐。その手に手錠。遊佐の嗚咽する声がもれる。叢《くさむら》に転がる二人の青年。同じ復員兵の勝者と敗者の姿は、戦後青年の姿そのものであった。『野良犬』の名シーンである。

黒澤にとって焦土というフィールドは、監督として最高の表現の場であった。作家としての試練の場であり、ポジティブな人物の創造の場であり、さらに無償の愛に生きる者を生み出す陣痛の場であった。

黒澤明、もう一つの顔

黒澤の俳句歴に触れておきたい。戦時中、表現の自由がなかった中、東宝では「砧撮影所俳句班」が生まれ、よく郊外のお寺などで句会を開いた。当初は三十人もいて、暗い世相から逃げるように花鳥風月の世界に浸った。監督や俳優、技術者などもいて、郊外へ行くと食糧事情もよく、それも魅力であった。

年月日は不明だが、季題は「晩秋」で選者は水原秋桜子とある。特選、秀逸、佳作のランク付けがあり、黒澤の左記の句は秀逸に入った。

古寺の屋根ゆがみしや秋深し

黒澤の句は客観写生の句として評価され、俳句班の中では常に高いランクにいたという。

彼が当時、感動した不知詠人の俳句二首がある。

山の上に水現れて落ちにけり

黒澤評：「素直で正直な観察と、その素朴で純真な表現に、私は頭をぶん殴られたような気がした」（前掲『蝦蟇の油』）

ちりて後おもかげにたつ牡丹かな

黒澤評：「蕪村の句にある牡丹の様な映画がもし出来たらそう考えただけで胸がドキドキする」（「牡丹と青桐」近代映画一九四六年八月号）

黒澤は俳句がきっかけとなって、「自分の浅学菲才に気がつき、恥ずかしくなった。私は、日本の伝統的な文化について改めて勉強しよう、と思い立った」（前掲『蝦蟇の油』）

彼は、西洋と東洋の文化から該博な知識を貪欲に吸収した。

「僕はね、ドストエフスキーと同時に、芭蕉や蕪村が好きなんです」（「インタビュー　故郷は地球」エスクァイア一九九一年六月号）

彼は、トルストイやドストエフスキーに共鳴したように、芭蕉や蕪村の世界にも強い共感を覚えたのである。彼の詩魂のルーツは、この辺にあるかもしれない。

黒澤は生涯、折に触れ、俳句や短歌を楽しんだ。『乱』撮影時に作った俳句がある。一首は、九州の大分や熊本城ロケの際に、当時の県知事へ挨拶代わりに詠んだものである。

大分県の平松守彦知事への俳句。

赤備え陣鶴翼の夏野かな

「赤備え」は次郎軍の甲冑の色、対する三郎軍の防御の構えが「陣鶴翼」である。対峙する両陣の強い緊張がここにある。

もう一首は、当時熊本県知事であった細川護煕への俳句である。

夏草や谷より深し堀の底

主人公・秀虎が息子たちに裏切られた懊悩の深さが伝わってくる。報知新聞が取材した「ドキュメント乱」には、「いずれも黒澤が二日間熟考した末、二十年振りに詠んだ句だそうだ」とある。

次のは短歌で、『夢』のロケで、三宅島へ行ったときに詠んだもの。

風汐ぎし三宅の宿の青き海
御蔵の島に滝白く見ゆ

『夢』の第七話「鬼哭」で、放射能汚染で地球の終末風景を、三宅島の火山跡にロケしたとき、宿から見える自然の美しさを詠んだものであろう。

最後はシナリオを書くために京都の定宿・石原へ行く折、新幹線での車窓の風景の変化を詠んだものと思われる。

比良は雪比叡は霙《みぞれ》京は雨

心に感じたことを素直に形に留める、それは映画人としての習性であり、生きることへの愛しさであろう。一方では、こうした終生、豊かで、鋭く繊細な感性に支えられた詩心があったからこそ、不朽の名作が生まれたともいえる。

《参考資料》

⑩『どっこい！　この槍』：昭和二十年（一九四五年）に書かれたシナリオ。優れた武人が、その槍の腕前を、人のために役立てようと志高く生きようとするが……。未映像化作品。平成二十九年（二〇二九年）カンヌ国際映画祭で、黒澤明監督の未映像化脚本九本が中国の企業・ジンカ・エンターテインメントによって映画化されると発表。第一回作品が『どっこい！　この槍』とされる。

⑪安倍貞任《あべのさだとう》（?～一〇六二年）：平安時代中期、奥州で活躍した武将。中央政権に反目した安倍頼時の次男。前九年の役で弟・宗任とともに源頼義・義家と戦うが、厨川柵で非業の死を遂げる。

⑫亀井文夫（一九〇八～一九八七年）：映画監督。戦時中、戦意高揚の映画を強いられるも、タブーに挑戦。『戦ふ兵隊』は、その代表作。戦時中は上映されることはなかった。

⑬瀧川幸辰（一八九一～一九六二年）：法学博士。京都大学教授・総長。昭和八年（一九三三年）、中央大学で行った講演『復活』を通して見たるトルストイの刑法観」が無政府主義的とされ、司法官赤化の元凶として、追放、休職処分に。世に言う瀧川事件（京大事件）である。

⑭尾崎秀美《おざきほつみ》（一九〇一～一九四四年）：朝日新聞記者。ジャーナリスト。近衛文麿政権ブレーン。ソビエト連邦の諜報組織「ゾルゲ諜報団」に参加。昭和十六年（一九四一年）、スパイ活動が発覚し、処刑さ

れる。
⑮ジョルジュ・シムノン（一九〇三〜一九八九年）：ベルギー出身の推理作家。メグレ警視シリーズが有名。ヴィクトル・ユゴーとともに世界中で最も読まれている作家。

第2章

黒澤ヒューマニズムとエンターテインメント

――『生きる』『七人の侍』、そして『用心棒』『天国と地獄』『赤ひげ』――

『用心棒』主演の三船敏郎（右）の扮装テスト中の黒澤明
（東宝撮影所、1961年）　提供・黒澤プロ

日本映画の革命児——作品の発想は観念から出発する

桑原武夫は「『七人の侍』評」（改造一九五四年六月号）の中で、「黒澤明はもともとイマジストではなく、『生きる』が示したように、映画での思想的文学者なのだ」と評している。

桑原は京都大学教授でフランス文学者、俳句を「慰戯性の強い芸」だとして大胆にも第二芸術と評した気鋭の現代文明批評家である。

またこちらも気鋭の映画評論家の岩崎昶《あきら》が、「『蜘蛛巣城』をめぐって—黒澤明との往復書簡」（映画評論一九五七年三月号　以下同）を公開したことがある。

まず岩崎のほうから、

「あなたの作風は観念的といえるでしょう。（中略）『羅生門』も、『生きる』も『生きものの記録』も、私の意味で最も観念的であり、そして観念的であるという点で日本映画にこれまで欠けていた大切なものをつけ加えることができたのです」

この評価に対して黒澤は、

「僕の作品が観念的であるということについて——。実は、何時も観念的であるといって非難され続けて来たのですが、御手紙によると、そこに僕の特徴を認めて下さっているのが大変嬉しく思いました。

作品の発想が観念から出発する、そういう行き方も当然あっていいはずなのに、観念的であることはまるで罪悪のように責められて閉口していたのです」

「発想が観念から出発する」作品は、伝統的な人情もの、風俗ものが大半の日本映画の中では、たしかに稀有な存在である。

処女作『姿三四郎』、戦後の『素晴らしき日曜日』などをみても、黒澤には作品の背景に骨太な哲学がなければ、それぞれの作品に独自の世界と品格を与えることはできないであろうと思われる。黒澤は、自分のどの作品も

「言うべきことはただ一つのことしかない。（中略）どうして人間ってもっと仲良く暮らせないかということと、もっと善意にみちてやれないかということだけです」（「黒澤明に訊く」キネマ旬報一九五二年四月号）と語っている。

このように語る黒澤映画を評して、「中学生並みの思想」と揶揄する人もいたが、偉大な人物には、酷評・冷笑はつきものである。

「私は、すべての人びとが、ともに仲良く、平等な機会をもって、ともに暮らすことのできる民主的で自由な社会という理想を心に抱いてきた。それは、私がそのために生き、実現させたいと願っている理想である。しかし、もし必要ならば、その理想のために、命を捧げるつもりである」

（「NELSON MANDELA Conversations with Myself」Farrar Straus and Giroux）

これは、ネルソン・マンデラが獄舎から解放された直後（一九九〇年二月）の演説の結びの部分である。もし黒澤が、これを聞いていたら、我が意を得たりと、拍手喝采したのではなかろうか。

芸術家の繊細でナイーブな魂には、現実はあまりに醜悪にしか見えないのである。そういう深いペシミズムというものを、彼は心の奥に秘めながら、シンプルにヒューマニズムを求めた人である。

『乱』は、親兄弟が権力を争って血で血を洗う地獄絵図。そのとき彼はいみじくも言った。「目をそらすのがペシミズムであって、真実を直視するのは積極的な態度なんだ」（前掲「故郷は地球」エスクァイア）

確かに彼は目をそらして傍観するペシミストではなく、現実を凝視し闘うヒューマニストなのである。彼の描く主人公たちは、暗く醜悪な現実に果敢に挑む闘うヒューマニストばかりである。

黒澤は自分の夢や願望を、映画を通して語り続けて来た。ジョルジュ・サドゥール（「世界映画全史」の著者）は、「黒澤は人間の願いを描く作家」と評した。

黒澤は、フランスへ行った時、『悪い奴ほどよく眠る』を観た人から、こんなことを話しかけられたという。

「フランス人としてわれわれはとても恥ずかしいという。三船がやった西という男がいますね、あいう人物が実際日本にいると思ってるわけです。それなのにフランス人にはそういう人物はいない、たいへん恥ずかしいといっている。いや、そうじゃないんです、日本にもそういう人物がいないから、そういう人物が出てほしいから僕は描いたんですといったら、安心したような顔してましたけれども（笑）。日本だと、そういう奴はいないとか、『生きる』でも、渡辺勘治なんて、こんな男はいないという批評がすごく多かったですね。いないからむしろ書いているのであってね」（『全集黒澤明』第六巻所収・「ユーモアの力・生きる力――対談・黒澤明×井上ひさし」岩波書店）

彼は、そういう人物がこの世に次々に生まれることを願って、映画を作るのである。

「こういうことをよく言うのだけれども、リアリティは何かというのです。現在ここら辺にいる奴を書いたらリアリティというのか、僕はそうじゃないと思う。そういうものを書くことによって、そういう奴が世の中にどんどんできちゃうのがリアリティだと言うのだ。（中略）例えばバザロフ（ツルゲーネフの『父と子』の主人公）なんかそうです。それまではニヒリストはいなかった。いろいろなやつを引っ張り出して書いたらバザロフが誕生した。あれをやらなければいけない。もちろんそんな立派なことは出来ない。しかし目標としては、そういうところにおかなければ嘘なんじゃないか」（前掲「黒澤明に訊く」）

『羅生門』は企画の段階で、大映首脳部と衝突した。

「大映の首脳部は、『羅生門』を企画にとりあげたものの、その内容が難解である、題名に魅力が無い、などといって、撮影の仕事に入るのを渋っていた」（前掲『蝦蟇の油』以下同）

また三人の大映の助監督たちが、ある夜、黒澤たちの泊まっている宿へ訪ねてきた。

「何事かと思って用件を聞くと、この脚本はさっぱりわけが解らないので、どういう事なのか説明してもらいに来たのだと言う」

そこで、黒澤は彼らに説明した。

「人間は、自分自身について、正直な事は言えない。虚飾なしには、自分について、話せない。この脚本は、そういう人間というもの、虚飾なしには生きて行けない人間というものを描いているのだ。これは、人間の持って生まれた罪業、人間の度し難い性質、エゴが繰り広げる奇怪な絵巻なのだ」

二人は納得したが、一人は納得いかずに帰っていった。

助監督たちは、日ごろ作っている映画とは違った観念の世界観に、戸惑いを隠せなかったようだ。

完成試写の日、試写が終わっても重役たちは沈黙。永田社長一人がつぶやいた。

「なんかよう解らんけど、高尚な写真やな」

批評家たちにもそっぽを向かれ、ほとんど作品は黙殺された。

ところが翌年、ビッグニュースが海外から飛び込んできた。この『羅生門』が、ベネチア国際映画祭で最高賞のグランプリ（金獅子賞）を獲得したというのである。

そうなると、手のひらを返したように、作品への評価は一変した。映画は凱旋興業され、黒澤はグランプリ監督となり、溜飲を下げる。勢いづいた黒澤は、満を持したように人間の生き方を問う代表作『生きる』に取り組んだ。

哲学者・梅原猛は、かねてからその作風に注目していた黒澤に、大賛辞を送った。

「黒澤明は戦後日本における最大の芸術家の一人である。彼はどのような文学者より人間愛に富んでいるようだ。彼の作中人物は、戦後のいかなる文学者の作品より、いきいきとした愛の行為の実践者である。けれど彼は、愛の行為に深い影を投げかける虚無の思想をけっして見落とさない。人間はむなしいけれど、人間は弱いけれども、お互いに愛し合わねばならぬ、というのが彼の思想である」（「ニヒリズム」『戦後日本思想大系3』筑摩書房）

人間の度し難い心の闇、エゴイズムを描いた『羅生門』は、ラストのシーンで、黒澤ヒューマニズムが色濃く反映されている。

「杣《そま》売りの『俺のとこには、子供が六人いる。しかし、六人育てるも七人育てるも同じ苦労だ』という言葉は千金の重みがある。やはり人間は高貴な何者かであったのである」(同前)

黒澤は、『羅生門』について、次のように語っている。

「『藪の中』は、芥川さんの嘘だと思う。(中略)よくてらって人間を信じないというけれど、人間を信じなくては生きてゆけませんよ。そこをぼくは『羅生門』で言いたかったんだ。つきはなすのは嘘ですよ」(「人間は信ずるのが一番大切なこと」映画ファン一九五二年四月号)

梅原猛は、『生きる』についても触れ、

「死の自覚が愛の行為になるところに、黒澤のヒューマニズムがある。実存的ヒューマニズム」(同前)と、黒澤を高く評価する。

また、国際ジャーナリストの落合信彦は、アメリカの大学に留学している時、学内で催された「クロサワ・ウイーク」で、はじめて『生きる』を観て、観客の反応の凄さに驚いた。

「エンディングと共に全員が立ち上がって嵐のようなスタンディング・オベーション……学生たちが私に握手を求めてきて、口々にいかに映画が素晴らしかったかをまくしたてた」(「アメリカで観た『生きる』」東宝レーザーディスク・パンフレット)

英文学の教授までが、彼に握手を求めてきた。

「『ノビー、すごかった。我々は実存主義がどうのと議論しているけど、クロサワはそれを超越した。これまでの人生で私が見た最高のマスターピース(傑作)だ』」(同前)

と、手放しで称賛した。

黒澤映画は、つねに人間の心に残る映画を目指す。

「だいたい映画は表に出ればすぐ忘れちゃうようなものだけど、それが一週間でも二週間でも、出来れば一生、見た人に影響を与えるような、そういうものを僕はつくりたいと思ってきた」（「黒澤明ドキュメント」キネマ旬報増刊一九七四年五月七日号）

「映画館から興奮して出て来るのでなければ、映画を見る意味がなくなるものね。人間が生きて行くうえでのバイタリティというか、そういうものをつかみ取れる映画が少ないんだよ、きっと。お涙ちょうだい式なものではなく、感動から涙が出てきてしかたがないもの——つまり心に響いてくるもので映画は勝負すべきだ」（「生きる力を観客へ」東京新聞夕刊一九六四年四月十一日）

黒澤映画の誕生で、日本映画は文学と比肩《ひけん》し、世界の人々に真の感動を与える映画に成長した。

あえて強者の仮面をかぶる

黒澤の兄・丙午については何度も触れたが、かつて名を知られた映画の弁士（映画説明者）で、徳川夢声（弁士、作家、俳優）ともよく知った仲だった。山本嘉次郎監督の『綴方教室』（主演・高峰秀子）のチーフ助監督の時に、出演の徳川夢声に「君は、兄さんとそっくりだな。でも、兄さんはネガで君はポジだね」（前掲『蝦蟇の油』）と言われている。

「ポジであるって徳川さんが言ったのは、僕の方がすごく明るい感じなんですよ、日向《ひなた》の感じでね。植草（圭之助）はよく僕のことを向日葵《ひまわり》だって言ってるでしょう」（「AKIRA KUROSAWA」シュプール一九九一年六月号）

自身のことを「生まれつき弱者」という植草の目には、黒澤はつねに「生まれつき強者」に見えたのである。

「私は人間的な苦悩に抵抗するために、強者の仮面をかぶり、植草は、人間的苦悩に耽溺するために、弱者の仮面をかぶっているに過ぎない」（前掲『蝦蟇の油』）

黒澤は、あくまで「強者」は仮面であり、逆境の中でも投げやりにならずに、「まともな生活を営む真面目で善良な人達」（同前）として、努力して生きているに過ぎないと至極当然のように言う。

「私は、特別な人間ではない。特別に強い人間でもなく、特別に才能に恵まれた人間でもない。私は、弱みを見せるのが嫌いな人間で、人に負けるのが嫌いだから努力している人間に過ぎない」（前掲「故郷は地球」）


黒澤は弱みを見せたくないから、ひたすら努力しているとも言う。そこには人間を信じ、真面目に、善良に生き、積極果敢に生きたいという強い気概がある。

人生を前向きに捉えようとするところに、黒澤のヒューマニズムのルーツがあるのではないだろうか。それは、彼が描くヒーローたちの慈悲（無償の愛）の行為にも繫がる。

天才とは？　創造とは？

映画『トラ・トラ・トラ！』の助監督・大沢豊は、黒澤からよく酒席で天才論を聞かされた。

「よく天才論を交わしたんですが、天才なんか簡単には生まれないんだよ、要はどれだけインプットしているか、それがオリジナリティとして出て来るかが天才と凡才の違いなんだ、と言ってましたね。最後はきまって、もっと勉強しろって……」（「黒澤明―天才の苦悩と創造」野上照代・キネ旬ムック）

創意に満ち溢れた黒澤映画は、天才的なひらめきの産物ではなくて、「創造というのは記憶」だと言い切る。

「自分の経験やいろんなものを読んだ記憶に残っていたものが足がかりになって、何かが創れるんで、無から何かが創造できるはずがない。だから僕は若い時、ノートを片方に置いて本を読んだものです。そこで感じたもの、感動したものを書き留めていく。そういう大学ノートが随分あって、シナリオで詰まると、それを讀んでいく。するとどこかに突破口がある。セリフ一つにしてもそこからヒントを得て書いていった。だから、寝転がって本を読んでもだめだと言いたい」(『悪魔のように細心に！　天使のように大胆に！』東宝)

黒澤の代表作で、世界からも仰視《ぎょうし》されている『七人の侍』を、スピルバーグ監督は、自作をクランク・インする前に必ず試写し、映画精神のマグマを浴びるという。『七人の侍』という創意溢れた作品が生まれたのは、トルストイがベースにあったと、黒澤は語る。

「この脚本の根底にあるのは、トルストイの『戦争と平和』なんです。もう何十回読んだかわからない。細かいところまで覚えているけど、その中から随分いろんなことを学んでいますね」(「『七人の侍』ふたたび」文藝春秋一九九一年十二月号)

まさに創造は記憶なのである。

黒澤は『戦争と平和』を三十回も読んだと言う。

『影武者』の北海道ロケの夜、山崎努は呼ばれて彼の部屋を訪れた。

「そうしたら、部屋に『戦争と平和』が全巻あって、もうあの大作を何十回も読んでいるというんです。それは何故かと言うと、『あの小説には、いろんな人物が出てきて、キャラクターを考える時に一番いいんだ。だから演出する時や脚本を書く時、何かの時にパッと開いて読んでいる』と言うんです。僕はびっくりしました。あの、読み込まれた黄色い表紙の『戦争と平和』は、鮮明にイメージとして残っています」（「追悼 黒澤明」キネマ旬報一九九八年十月下旬号）

『戦争と平和』は、ヨーロッパ制覇を夢見たナポレオンのロシア侵攻が舞台である。ロシアの総指揮官クトゥーゾフは優勢なフランス軍を迎え撃つが、直接対決を避け、内陸深くおびき寄せ、首都モスクワまで明け渡すが、極寒の冬を味方に、ナポレオン軍に勝利する。その老獪《ろうかい》で深謀遠慮の戦略は、村の心臓部に野武士を誘い、一人ひとり殺していく勘兵衛の戦術と一脈相通ずるところがあり、『戦争と平和』の帝政ロシアの軍人・クトゥーゾフと勘兵衛が重なる。

ドストエフスキーへの傾倒

黒澤の読書好きは有名である。読書が彼を育てたとも言える。彼の精神形成の大恩人は、書物なのである。

彼は中学生時代から読書欲が旺盛になり、電車賃を節約して本を買い、学校の往復も本を手離さなかった。

「私はその道を、行きも帰りも、本を読みながら歩いた。樋口一葉、国木田独歩、夏目漱石、ツルゲーネフもこの道で読んだ。兄の本、姉の本、自分で買った本、ただ無茶苦茶に解っても解らなくても読んだ」（前掲『蝦蟇の油』）

絵の勉強を始めた青春時代にも、彼の読書熱は衰えることはなかった。

「私は、外国文学、日本文学の、古典現代を問わず読みあさった。机に向かって読み、寝床に入って読み、歩きながらも読んだ」（同前）

兄の影響でトルストイやドストエフスキーなどロシア文学に親しみ、特にドストエフスキーに傾倒し、その愛の思想に感化される。

それは一種、宗教的感化でもあった。

「僕にとってトルストイとドストエフスキーとバルザックの本を愛読書と申すことには何か気のひける思いがします。なぜなら、僕はこれらの本を愛すると申すよりは、その前に跪《ひざまず》いていると申した方が適当だからです。いわば、僕にとってこれ等の本は聖書の様なものだからです」（「わが愛読書」芸苑一九四六年七・八月号）

書物は、人生の師であり、この世の深い真理を教え、善悪を教え、何を信じ、どう生きたらいいかを教え、導いてくれる。それは、神に「跪いている」姿に似ている。

黒澤家では、決して本を捨てない。

「またぐのも駄目、踏んだりしたら一喝され、いたずら書きに至っては、この本を精魂を込めて作った人の気持ちになってみろと、こっぴどく叱られる」（『回想 黒澤明』黒澤和子　中央公論社）

と、娘の和子は記している。

「今の日本映画界の最大の弱点は、よいシナリオライターがいないこと。シナリオならば、紙と鉛筆があれば書けるし、演出の一番の勉強法にもなるのに、いくら言っても、若い連中はなかなか書かない。それは、本を読む習慣がないからですよ。自分の経験だけでは限界がある。古今東西の古典を繰り返し読みなさい。僕は、ノートをつけながら、本を読みましたよ。自分の素晴らしいと思った所は写しておく。シナリオを書いて詰まった時には、そこに必ずヒントがあった」(「映画って多面体さ」朝日新聞夕刊一九九一年五月十日)

夢中で読みあさった読書の習慣は、まずシナリオ作りで大きく開花した。師の山本嘉次郎監督は、「監督になりたかったら、まずシナリオを書け」と助言した。黒澤は、助監督の超多忙な中で、その助言を守り、必死にシナリオを書いた。

こんなエピソードが残っている。

助監督仲間だった谷口千吉の下宿に、黒澤がマクラ一つをもって押しかけて来て、一緒に暮らしたことがある。谷口もノッポのため、布団も大きく、黒澤が寝るには都合がよかった。

その谷口は、当時のことを次のように語っている。

「冬の夜など、私は焼酎を飲んで寝てしまったが、彼はいつまでも灯りを付けて、プリントのザラ紙の裏にゴソゴソ何か書いていた」(著者インタビュー)

もう一つは山本監督の『馬』のロケで盛岡に宿泊していた時、夕食後すぐ、黒澤の姿が見えなくなるのに、不審に思っていた主演の高峰秀子は、ある晩、思わぬところで彼を発見した。

「私が風呂から上がって二階の自室へ戻ろうとしたとき、階段の下の小さな戸が開いて、とつぜん黒澤明が這い出して来た。私はビックリした。『そんなところで、何してたの?』」(『わたしの渡世日記』朝日新聞社)

そこは布団部屋だった。うずたかく積まれた布団の間に、小さな机が無理矢理置かれ、書きかけの原稿用紙が広げられていた。毎晩、ここでシナリオを書いていたのである。黒澤の中では、超多忙という厚い壁を突き破るほどのイメージで溢れ、仕方がなかったのだ。

「あの頃、自分でも驚くほど次々にイメージが浮かんでしょうがなかった」（前掲「黒沢明・その作品と顔〈所収〉・わが映画人生の記」キネマ旬報）

黒澤のシナリオは、たちまち注目された。『達磨寺のドイツ人』や『静かなり』、『雪』などで、情報局や映画雑誌のコンクールに次々に入賞。東宝に有望な助監督がいると、まずシナリオで有名になった。

しかし、時間に追われる彼は、当時、こんなことを夢見ていた。

「助監督時代の思い出は、まず眠かった記憶です。（中略）その時分、仕事をしながら、よくこんな夢想をしたものです。それは、十畳か二十畳ぐらいの座敷にふかふかと一面に寝床が敷いてあって、そこへ自分がぽんと飛び込んで、ぐっすり眠ると言う夢――それほど時間に追われた眠い日が続いた」（『全集黒澤明』第六巻所収・「助監督時代の思い出」）

こうした超多忙の中で、黒澤はシナリオを寸暇を惜しんで書いた。

「助監督になったら暇がないと言うが、ふざけちゃいけない。トイレの中だって一日一枚は書ける、年に三百六十五枚の長編になるだろう」（「特別インタビュー黒澤明」月刊プレイボーイ一九八一年一月号）

黒澤は、眠る時間を惜しみ、溢れ出るイメージを書き溜めていく。それは彼にとって辛い作業ではなかった。

「努力してるわけじゃない、おもしろいから、つい一生懸命やってしまう」（前掲「映画って多面体さ」）

ここが天才と凡才の違いかもしれない。傍目《はため》には苦労に見えても、本人は至極当然のように楽しんでいるのである。

試練という洗礼を受ける青二才が好き

「おもしろいから」とはいえ、シナリオづくりには、最も大きな努力が払われた。ある時から、独りよがりにならないために、一流の脚本家を集めた共同執筆が中心になった。黒澤の凄さは、自身を過信せず、客観的視点も忘れないところにある。

大抵は伊豆や熱海の温泉宿に籠り、作品づくりに集中した。

その作業は平坦ではなく、何度も難所に遭遇した。

「グッと詰まることがありますね。そういうとき我慢して粘らないとね。これは長い間の経験ですが、そうなると、たいていシナリオライターは投げ出しそうになるんです。ジーッと考えてればいい手があるからと、黙って毎日考えているわけです。そうすると何か道はあるものです。それは経験で、長いこと考えてると、きっと何か道があるという自信みたいなもの、それがないととても書けないと思います」（前掲「ユーモアの力・生きる力」）

若い助監督らには、決して途中で投げ出すなと叱咤する。

「一度書き出したら最後まで書け、途中でだめだと思って一ぺん投げ出したらもうおしまいだぞ。苦しくなったら投げ出すくせがついてしまうから、絶対お終いまで書け。どんな強引な方法でも、とにかくお終いまで書かないと、そういうくせをつけないと、苦しくなったら投げ出すというくせがついたら、おまえは二度と脚本《ほん》書けなくなるぞ、と」（同前）

何かを生み出す、ということは、並大抵の努力では生まれない。難所でひるんだらお終いだ。その難所で耐え、喰らついて耐える。この努力が天才と凡才を分ける。

山登りの好きな黒澤は、よく難所を山登りに譬《たと》える。

「山登りするときと同じように、毎日毎日、一歩一歩ね、頂上見ちゃいけないいって言われてるんだけど、足元を見て、コツコツ歩いていく。そのうちに頂上へ着くんだけどね、途中で頂上を眺めていたら辛くなるでしょう。

足元を見て歩いていて、そのうち峠へ来るでしょう。そうすると風が変わってくるわけね、スーッと。その風が通ってくると、峠は間近いっていうのを身体で感じますよね。脚本書いていて、あるところで急に不思議な展開をはじめたりね」（前掲「『七人の侍』ふたたび」）

前向きな生き方の先に待っているものを、黒澤は知悉《ちしつ》していたのではなかろうか。人の一生には様々な困難がある。しかし、それに耐え、一歩一歩前に進んでいけば、その努力は果実となって、実を結ぶ。その時、人間は、強靱な精神を獲得し、新しい価値を創造することができる、と。

黒澤は成長物語が好きである。

「これは、私自身が何時までたっても青二才だからかもしれないが、未完成なものが完成していく道程に、私は限りない興味を感じる。だから私の作品には、青二才がよく出て来る」（前掲『蝦蟇の油』）

未完成なものが完成していく道程に、黒澤は秘めたる可能性を覚える。主人公たちに降りかかる様々な試練、挫折、絶望、希望、挑戦、克服、……。あらゆる試練を克服することで逞しく、強靭で、そして、優しく美しい魅力的な人間性を身に纏《まと》っていく。黒澤映画のヒーローたちは、皆この試練という洗礼を受けて成長していく。

『野良犬』の若き刑事・村上（三船敏郎）は、様々な失敗を繰り返すが、試練を使命にかえ、立派な刑事に成長していく。

『生きる』は、無気力な市民課長の渡辺（志村喬）が、ガンと知って、一度は絶望の淵に突き落とされるが、その死の宣告が、真に生きる道を開く。短い人生を他人の幸福のためにと、残り火を燃やす。死の恐怖に打ち勝った主人公の人間性回復、成長の物語である。ここでは、「生きる」とは何かを、観客に問いかける。

『七人の侍』は、菊千代（三船敏郎）の成長物語を、サイドストーリーとして、力強く描いている。侍に憧れる農民出身の彼は、強引に侍たちの仲間に入り、勇気、優しさ、潔さを体得。野武士に脅える村人のために、勇敢に戦い、最後は、立派な侍として散る。

当初、利害も価値観も異なる侍と百姓をどう結びつけるか、黒澤は悩んだ。そこで生まれたのが農民出身のニセ侍・菊千代だった。

「カードは一応そろっているように見える。エースもあれば、キング、クイーン、ジャック、皆あるような気がする。何がたりないのだろう？　――その時判ったんだ、これはジョーカーがなかったんだ、と。そうだ、ジョーカーで侍と百姓を繋がなくてはいけなかったんだ」（「インタビュー黒澤明大いに語る―『七人の侍』の構想と演出」映画の友一九五三年十二月号）

壮大な活劇を狙った黒澤にとって、菊千代の縦横無尽な活躍は、ドラマのスケールを広げた。

それだけに撮影日数、予算は大きく膨れ上がり、二度の撮影中止という難局に直面した。会社との軋轢《あつれき》もあったが、なんとか撮影続行となった。

「今度という今度は日本映画の作れる限界を思い知らされた。でもいまさら後へ引けないものね。ここで止めちゃったら、それこそ大変な不実だものね。もう何としてでも作り上げなくちゃいけないんだ。山登りと同じでね、一歩一歩は苦しいんだ。だけどいつかは頂上に着く。頂上に着くことを信じて、ともかく一歩ずつ前へ進んで行かなければいけないのだよ。もうそれ以外に道は無いんだ。

いま僕の考えてること、それはここで焦っちゃいけない、興奮しちゃいけない、このまま頂上に向かって一歩一歩進んでいくこと、ただそれだけなのです」（同前）

この粘り、執念。これは職人としての我執なのか。

『赤ひげ』も典型的な成長物語である。オランダ医学を身につけた青二才の保本（加山雄三）が、さまざまな試練を経て、赤ひげ（三船敏郎）の薫陶《くんとう》を受け、幕府の御目見医の職を捨て、貧民のための養生所に残ることを決意するまでの物語である。

この保本は、娼家から貰い受けたおとよ（二木てるみ）を更生させる大役を、赤ひげから与えられ、日夜苦闘する。ここで、シナリオは難所にさしかかった。黒澤は、おとよをドストエフスキー原作の『虐げられた人々』⑯の少女ネリーと重ねて、保本とおとよの二人の絡みを描こうとした。ドストエフスキーを熟読していた黒澤は、若き作家のイワンが貧民窟からネリーを救い出して更生させるヒューマンな物語を援用《えんよう》、難所を切り抜けようとした。

ある夜、同室の共同執筆者・菊島隆三は、「真夜中にふと目を覚ますと、スタンドに羽織をかけ、私に光が掛からぬようにして、黒さんが寝床の中でシナリオを書いている。追い込みが近いと、イメージが湧いてきて、とても寝てはいられなくなるらしい」(「二人の日本人・黒澤明と三船敏郎」キネマ旬報別冊一九六四年九月二十五日号)と黒澤の執念にも似た姿を垣間見ている。

ふと湧いたアイディアの炎を消さぬよう、一人でじっくり燃やしていく。やがて寝ている共同執筆の三人を起こす。

「業火となれば、周囲の者を叩き起こしてまでも問題の追及に励む黒さん。そのファイトには私も、また他の二人も、自然と促され、各人各様自己の炎を掻き立てる」(同前)

貧民窟で苛め抜かれたネリーが、イワンの献身的な愛で人間性を取り戻していく。それを保本とおとよに重ねた。

「『虐げられた人々』の中にネリーという少女がいる。黒さんがこの人物を好きでね。この少女のあたりは、黒さん睡眠薬と酒のチャンポンのころだったけど、独壇場で、素晴らしかった」(前掲「黒澤明ドキュメント」)

何かに憑かれたように執念の炎を燃やす黒澤。激しい葛藤のすえ、絞り出すようにして非凡な創造が生まれる。

この『赤ひげ』の撮影が終わった時、彼は廃人のようになって病院のベッドの人となった。

「通俗映画」にして「芸術映画」

晩年の黒澤は、撮影時には必ずキャプテン帽を被っていた。三十年も温めたテーマである『デルス・ウザーラ』は、シベリアのタイガ（密林）での撮影で、酷暑と極寒の中での過酷な撮影だった。以後、キャプテン帽を離さないので、娘の和子が聞いた。

「ロシアでかぶっていた帽子をその後はいつもかぶってますから、どうしてと聞くと、『あんな大変な撮影が出来たんだから、それを思えばどんな映画だって撮れると思って、それでかぶってる』。お棺のなかでも、その帽子を被らせて、愛用のサングラスをかけました」（『黒澤明　夢は天才である』文藝春秋・編）

もう一度、彼の天才論を反復したい。

「天才なんか簡単には生まれないんだよ、要はどれだけインプットしてるか、それがオリジナリティとしてでてくるかが天才と凡才の違いなんだ」（前掲「黒澤明―天才の苦悩と創造」）

黒澤は、哲学的、観念的な映画を志向する半面、エンターテインメントを大切にする作家である。

「本当にいい映画というのは面白いんだな。理屈っぽく映画を作ってるのは、監督としては下の下でね。実にわかりやすくおもしろく、その中でジワーッと何かを話してるのじゃなきゃいけない」（「インタビュー黒澤明」ノーサイド一九九三年四月号）

『生きる』『七人の侍』を第一期の豊穣期の作品群とすれば、第二期の豊穣期は『用心棒』『天国と地獄』『赤ひげ』の作品群である。

その間、約五年の間に五作品が生まれたが、一作ごとに映画の表現を磨き、エンターテインメントを追求した貴重な期間であった。

映画は、まず面白くなければならない。

日本映画は一時、世界のトップを走っていた。そういう時代に戻すためには、何かをしなければいけない。

黒澤は指摘する。一九六〇年代の高度経済成長とともに、映画監督たちが日本人という人間をみつめようとせず、いい脚本が書けなくなった、と。

「さらに付け加えれば、一人でいい気持になって、変に芸術家気取りで難解なものをつくったりする傾向もあったんです」（同前）

一人よがりの映画が増え、日本映画衰退の原因の一つになった。

黒澤映画は高いテーマ、観念的なテーマを掲げながら、難解な映画は皆無である。

『七人の侍』を作る時、彼は自分の台本に次ぎのメモを書いた。

○描いている対象に対して冷静であること
○太い事実と筋
○生々しいかたちをつかむこと
○ムキ出しの表現
○スピーディな表現

○単純明快

○感動させるためには大胆な表現が必要である、唖《あ》然とさせるような表現が

○どこへでもずかずかと入っていくこと

「太い事実と筋」と「単純明快」、これがストーリーの要諦であり、感動させるためには「大胆な表現」と「唖然とさせる表現」が必要だとした。

黒澤ほど、映画の大衆性に腐心した監督はいない。

「観客はスクリーンに出て来た人と、ある人生を一緒に生きるわけでしょう。その人の気持ちになって、一緒に苦しんだり悩んだり、喜んだり笑ったり、怒ったり泣いたりしているわけですよね」(前掲「インタビュー黒澤明」ノーサイド　以下同)

観客は映画に感情移入して、喜怒哀楽の体験を共有する。

「芸術家気取りの監督がただ陰々滅々としたのを深刻ぶってやってたって、お客はカネを払って映画を見に来るんでね、楽しみに来るんですよ。お客を楽しませる中で何かを言わなきゃいけないのに、勘違いをしてますよ」

映画は、「わかりやすくおもしろく、その中でジワーッと何かを」語りかけるものでなければならないと主張する。

「芸術映画にして通俗映画」、これは創作ノートに書きつけた黒澤のメモである。実に黒澤映画には、難解な作品は一本もない。いずれも平明であり、娯楽作品である。彼はロシア文学を精読する

一方で、探偵小説も愛読者である。『野良犬』はジョルジュ・シムノン張りのスリルを下敷きにしたし、『用心棒』はダシール・ハメットの「血の収穫」[17]がヒントになり、『天国と地獄』はエド・マクベインの「キングの身代金」[18]がヒントで生まれた。手に汗を握る、そんなスリルとサスペンスを黒澤は重視する。

「例えば暗い話ばっかり延々と見せられても、お客はたまんないんですよ。昔よく言ってたコメディ・リリーフという、適当に面白いところをはさんで面白く見せていかなきゃいけないわけでしょう」

映画の面白さを常に黒澤は追求した。面白くすることは、俗に近づけ、一段低い通俗に堕ちることではない。

「人間の活動が真に迫れば迫るほど、人間の活動というものは、実に瞠目するほど通俗な何ものかでみちている。しかも、この通俗的な人間の面白さを、その面白さのまま近づいて真実に書けば書くほど通俗ではなくなる」（黒澤創作ノート）

笑い、ユーモア、スリルなど面白さの追求は、通俗を超えて真実を捉え、観客に感動を与える。それが黒澤の映画づくりの不動のスタンスである。

黒澤にとって、「通俗」は大きな課題であった。

「通俗」を低いと軽視したら、黒澤映画は成り立たない。通俗的な人間の面白さに近づくほど、「通俗ではなくなる」（同前）ということを黒澤は証明した。まさにこれこそが、エンターテインメントを極めた真理であり、芸術の奥義ではなかろうか。

通俗映画にして芸術映画なのである。

瞠目するほど通俗的――「啞然《あぜん》とした」表現

哲学的テーマも、黒澤は終始アクションを重視する。「映画は時間の芸術である。そして時とは事物の運動に外ならない。運動するものが存在せねば、時はないのである」（同前）

アクションも通俗への有力手段である。『七人の侍』は、全編にアクションが溢れている。

「時代劇にアクション・ドラマ、『七人の侍』の根本はここですよ。日本にはまだちゃんとした活劇が出来ていない。そして外国映画を見ても、活劇の爽快味はあっても、基本にある人間がしっかり描けていない気がする。そこを描こうと思ったんですよ、今度は」（前掲「インタビュー黒澤明大いに語る――『七人の侍』の構想と演出」）

人質の赤子救出に始まり、廃墟の寺での決闘、そして野武士に略奪される村に舞台を移してからは、本格的な戦闘となる。緒戦を含め、野武士の山塞攻撃、その復讐戦で水車小屋が炎上、決戦も晴天下と、豪雨の泥濘の中とがあり、四人のサムライが殉死するという壮絶な激戦となる。

それらの戦闘の背景には、登場人物の悲劇、自然の安寧と猛威が変化する戦闘状況と重なり、いやが上にも、その緊張感は、通俗を超え、感動を憶える。

黒澤創作ノートにある「生々しいかたちをつかむこと」「スピーディな表現」「啞《あ》然とさせるような表現」は、すべて徹底したリアリティの追求であり、生命の危険をも辞さない表現の追求である。観客をあっと言わせるような、度肝を抜く表現への執着は、まさに通俗へのチャレンジである。ここに、エンターテイナーとしての黒澤の顔がある。

この時も、黒澤は危険極まりない撮影を断行した。野武士が馬上から矢を放ち、次々に百姓を射殺するカットを一カットで撮りたいと言い出した。普通、矢を射るのと命中するところを分けて撮る。カットを重ね合わせるゴマカシ撮影である。「それを同一カットで見せることが出来ないかという注文である」（『日本映画の時代『七人の侍』のしごと』廣澤榮　岩波書店）。

小道具係が知恵を絞った。放つ矢の軸にテグス糸を通し、それを命中する百姓の背中まで引っ張る、というもの。

背中には怪我をしないように鉄板を当てた。

射手は疾走する馬上から射る。射られる百姓は必死に逃げる。しかし、テグスにたるみができてうまくいかない。そこでテグスの末端を釣りのリールに付け、小道具係が間髪を入れずに巻き取る。

「それが見事に功を奏し、与平（左卜全）が射殺されるショットは、凄い迫力できまった」（同前）

生々しい「唖然」とさせる表現。黒澤は、それにこだわったのである。

『七人の侍』は、半分も撮影しないうちに予算を使い果たして、撮影中断となった。会社側に撮影続行か否かを迫られた。その間、黒澤は自宅近くの多摩川で、悠々と釣りを楽しんでいた。伴《とも》をした千秋実の証言がある。

「千秋──どうなるんですか？

黒澤──今まで使った金を捨てるようなことはしやしないさ会社は。俺の映画が当たってる間は無理が通るよ。ただし当たらなくなったら俺には敵が多いぞ。

撮影再開となる。また予算を使い果たし、また撮影中止となる。黒澤監督、千秋、また魚釣りに行く。

黒澤―ここまで撮ったらもうこっちのものだ、完成するしかないだろう。と、ゆうゆうと釣り糸を垂れている。

やはり『七人の侍』は完成した。一年かかった。そして大いに当たった」（前掲「黒沢明・その作品と顔〈所収〉・コラ千秋！」）

『七人の侍』は、松竹の『君の名は』（岸惠子、佐田啓二主演）と興行成績を争い、二億九千万円を稼いでいる。

黒澤には、「俺の映画が当たってる間は無理が通るよ」と言ったように、自信があったのである。

『蜘蛛巣城』のラストでは、主人公の鷲津武時（三船敏郎）は、先の城主への謀反を咎められ、味方から矢の雨を浴び、針鼠となって憤死する。その壮絶な最期は、観客の度肝を抜いた。

『隠し砦の三悪人』では、敵中横断の一行が荷車で黄金を運ぶが、警戒の四騎が迫る。真壁六郎太（三船）は、やにわに二人を斬り、逃げる二騎を裸馬にまたがり猛追、太刀で馬上の敵を次々に襲う。

そのダイナミズムと戦慄の映像は、映画史に残る。

斬られた相手の心臓から血しぶき！　この衝撃のシーンは、『椿三十郎』のラストである。殺陣もやりつくした感があり、「スカッと一回だけで終わる決闘」（『世界の映画作家3黒澤明編〈所収〉・全自作を語る』キネマ旬報社）を撮りたかった黒澤は、酸素ボンベを使って、敵の仲代達矢の胸からバーッと血を一気に噴出させた。唖然とする観客、エンターテイナーとしての躍如がここにもある。

『天国と地獄』の撮影では、撮影隊だけを乗せた十一輛編成の特急こだまが、東海道線を疾駆した。誘拐犯に三千万円の身代金を要求された実業家・権藤（三船）は、特急こだまに乗り込む。車中で身代金の授受が行われると考えた権藤は、現金を二つの鞄に入れる。犯人から車内電話に指示がある。「もうすぐ酒匂川《さかわがわ》の鉄橋、子供は鉄橋のたもとで姿を見せる」と。「子供を見たら、鉄橋を渡り切ったところでカバンを投げろ！」

地団駄を踏み悔しがる戸倉警部（仲代達矢）。

「考えやがったな！　全く、正真正銘の畜生だ！」

この特急こだまのシーンを撮影するにあたって、黒澤は周囲を驚かす。

「突然、黒澤さんが、列車を借り切って一瞬の間に全カット撮れないかと言い出した」（前掲「黒澤明ドキュメント」）

中井朝一カメラマンは、常識的にスクリーン・プロセス（窓外の風景を撮影して、人物の背後に流す）か、列車に乗り込んで一カットずつ攻めていくかの、どちらかと思っていた。

黒澤の鶴の一声で、カメラを八台（先頭車両に二台、最後尾に二台、洗面所の権藤と戸倉の絡みに三台、仲間の刑事用に一台）配備する。

しかし、難問にぶつかった。列車が酒匂川にかかるタイミングに合わせ、子供を砂利の山の上に立たせるのだが、手前の家の屋根が邪魔してしまう。すると黒澤は、製作担当の根津博を呼び、家主に交渉して二階を外せと命じた。

「一日で撮影は終わりますから、一日だけ二階を取っ払わせて下さい、明後日には元の通りにしますからって頼んだんだよ。向こうも呆気にとられてたけど、ＯＫしてくれたんだよ」（『全集黒澤明』第五巻〈所収〉・「製作余話」）

ここでも黒澤は、妥協しなかった。

酒匂川に列車がさしかかろうとする。誘拐された子供の姿が遠目に見える。権藤が子供に向かって叫ぶ。鉄橋を走る轟音が叫び声をかき消す。鉄橋の鉄骨が飛び去っていく。洗面所の窓の隙間から顔を押し付けて外をにらみつける権藤。血走った眼。列車が鉄橋を渡りきると、堤防に人影。その刹那、権藤は金の入った鞄を窓の隙間から押し出す。走る人影。

神奈川と静岡の間を流れる酒匂川は、川幅は四百メートル。時速百キロで走ると約十五秒。「スタッフも俳優さんもみんな興奮状態でした。あのすさまじさというのは、演出力じゃないよね。列車が突っ走っている十何秒の間に、ともかくこれだけのものを撮らなければならない、という重圧感と緊張感。それが一緒になってすさまじかったなあ。二度と撮り直しはきかないブッツケ本番ですから」（前掲「全自作を語る」）

黒澤も、この十五秒のドラマに、「もう胸が痛くなった」（同前）と告白。胸が締め付けられる緊迫の名シーンは、このようにして生まれた。

諧謔《かいぎゃく》精神が黒澤映画の一方の持ち味

作家の井上ひさしは黒澤との対談で、次のように語っている。

「特に声を大にして言いたいのは、そのユーモアのすばらしさです。その諧謔精神が黒澤明という作家をとても楽天的のように見せている。つまり黒澤さんは生きる力を信じている」（前掲『ユーモアの力・生きる力』）

黒澤のユーモア精神は、人間に対する愛と人生賛歌から生まれる。井上は、黒澤映画へこんな賛辞を送っている。

「死ぬ前、この世の思い出に黒澤映画を一本、観ていいと言われたら、ずいぶん迷いながらも、たぶん『素晴らしき日曜日』を選ぶだろうという気がします。当時、まだ少年でしたけど、なにか生きるということについて重要な指針を与えられたように思います。その映画を人生の出口で、もう一度観てみたい」（同前）

先にも触れたが、黒澤映画の特徴は、逆境という極限状態、困難な状況から出発する。主人公（ヒーロー）たちは、たじろぎ、迷い、苦悩する。しかし、彼らは決して諦めたり、逃避したり、妥協したりしない。愚直に、明るく、夢を抱きながら前に進む。それは楽観的であり、ときにユーモアを生む。その諧謔精神は、ストーリーに深みを増す。井上ひさしが黒澤映画を愛してやまない理由は、黒澤の前向きな人生観かもしれない。

黒澤の代表作の『生きる』や『七人の侍』は両作品とも、ある意味、悲劇を描いている。ところが、随所にユーモアが横溢している。笑いは、悲しみを払拭させたり増幅させたりして、複雑な人間の心の機微を表現し、観客の心をつかむ。

『生きる』の主人公は、ガンと知って絶望の淵に突き落とされる。しかし、皮肉にも、「死」を宣告されて初めて、生きる喜びを知る。

この深刻なストーリーの中にも、笑いが、随所に、効果的にちりばめられている。その笑いは、劇中の人物と観客の距離を縮める。

主人公は、おせっかいな患者から、「医師から胃潰瘍と言われたら胃ガンだよ。そう言われたらまず一年……」と下世話に言われる。果たして、医師の診断は、「胃潰瘍ですな」。まるで掛け合い漫才のように展開するストーリーに、観客は思わず笑ってしまう。そして、笑った後に悲しみがドッと押し寄せてくる。

「（助監督時代に）コメディ・リリーフと言って、適当にコメディを入れなければいけないと、すごく言われましたね。耐えきれなくなってきて、そこでホット一息つかせてワーッと笑わせて、またどんどんシリアスな問題に取り組んでいかないとね」（前掲「ユーモアの力・生きる力」）

『七人の侍』は、百姓たちから頼まれて、略奪集団の野武士たちに戦いを挑む侍たちの物語である。命を賭して戦う侍たちは、何の見返りもない。その無償の行為は、私たちに何かを問いかける。その姿に、燦然《さんぜん》たる輝きがあるのはなぜだろうか。単なる活劇映画に終わらせないところに黒澤の哲学が潜んでいる。
この物語の全編に漲《みなぎ》る緊迫感をほぐすのは、菊千代であり百姓の与平である。三船の菊千代は道化的存在として、近づく決戦の緊張を笑いでほぐす。左卜全の与平は、とぼけた存在で、笑いを誘う。ユーモアは、シリアスな現実を一瞬忘れさせるが、それによって、悲劇がより倍加される。これがコメディ・リリーフ効果である。

《参考資料》

⑯『虐げられた人々』（原題『虐げられ、侮辱された人々』）ドストエフスキー：『貧しき人々』の後に書かれた本作品は、ドストエフスキー自身が下敷きとなっている作品。四部とエピローグからなる長編。少女ネリーは身寄りがなく物乞いで生きている貧しい境遇。このネリーは物語の本筋ではないが、その境遇に同情を寄せたくなる印象深いキャラクター。

⑰『血の収穫』ダシール・ハメット：ハードボイルド小説。主人公が両方の派閥を利用し、欺く、という発想は、『血の収穫』をイメージしている。

⑱『キングの身代金』エド・マクベイン：代表作に『87分署シリーズ』があるが、この作品は、彼の作品の中でも傑作として名高い。この作品に目をつけた黒澤明は、さすが炯眼《けいがん》だった。

第3章

入魂——一作一生

——僕から映画を引いたら何も残らない——

『乱』の撮影現場風景（御殿場、1984年）　提供・黒澤プロ

どこまでも我を通す

黒澤は、映画界では「天皇」と呼ばれていた。「天皇」とは、これまでの映画づくりに風穴を開け、思ったことを次々に断行し、不可能を可能にしてきた、その実績に対する尊称でもある。例えば、『七人の侍』では予算をたちまち使い果たし、二度も撮影中止に追い込まれながらも、彼は悠々と多摩川で釣りを楽しんでいた。

製作部長の森岩雄は、辞表を懐に重役会に臨んだが、黒澤は、監督として、「撮影続行」となる絶対なる確信があった。

結果、映画は完成まで一年かかった。製作日数は通常の五倍、予算は五倍の二億を超えたが、映画は、経営者の憂慮を覆し、十五億の配給収入を稼ぎ大ヒットした。

『七人の侍』は、日本映画の秘めたる可能性を大きく広げ、国際的にも評価を高めた。また、映画製作において、あらゆる困難を克服し、不可能を可能にしてきた黒澤の豪腕に、周囲は彼の評価を改めた。彼は、「天皇」の称号を冠するに相応しいものにした。

ところが、『隠し砦の三悪人』でのこと。撮影は順調に運んだかに見えたが、好事魔多しである。思わぬ落とし穴があった。

「撮影も、有馬（兵庫）や蓬莱橋《ほうらい》（静岡・大井川に架けられた木造橋）で万事好調にいってね。最初のシネスコ・サイズで大きな画面にいろいろ入るので、面白くて思う存分撮ったな。さて、あと十日ばかり、というところで御殿場に移った（中略）ここで百日かかることになっちゃったんです」（前掲「全自作を語る」以下同）と、周囲に再び撮影遅延、予算オーバーの恐怖が蘇った。

撮影予定地の富士山麓は、雨か霧で何も見えない。快晴を待ってロケ隊は待機。製作の藤本真澄は、進退伺いまで出す事態に。さすがの東宝も、堪忍袋の緒が切れた。

「東宝、怒っちゃってね。たいへん僕がワガママ言ってる、と言うんだが、そうじゃない。ほかを調子よく仕上げちゃってる。（中略）そこだけ雨や霧では全然ものにならないのだ。結局わずか十一カットのシーンが最初は夏で最後は冬、みたいなことになった」

そんな黒澤に、東宝は一計を案じ、黒澤プロダクションの設立を提案する。予算超過とスケジュール遅延のリスクを回避するための苦肉の策だった。

「ぼくに黒澤プロを作らせて危険負担をさせたら、ああは頑張らないだろう、と。つまりここで、いよいよ黒澤プロということになるのですよ」

黒澤プロダクションの設立は、こんな背景がきっかけだった。それは『隠し砦の三悪人』がベルリン国際映画祭監督賞（銀熊賞）を受賞した昭和三十四年（一九五九年）だった。

独立後初の東宝との共同製作は、『悪い奴ほどよく眠る』。黒澤プロができたら、いきなり儲け仕事では、「お客に失礼じゃないか。社会的に意義のある題材」と、黒澤は当時、政治を歪めていた汚職問題に、四つに組んだ。そして、娯楽映画の金字塔『用心棒』をはじめ、『椿三十郎』『天国と地獄』とヒット作を世に送った。

しかし、そんな黒澤の活躍をよそに、映画界を取り巻く環境は、テレビに押されて斜陽化していた。その黒澤が、映画界に活を入れるべく取り組んだ大作が『赤ひげ』である。足掛け三年を要し、この作品に映画ならではの魅力を詰め込んだ。

リハーサルに心血を注ぎ、一シーン一カットの撮影技法を重要シーンで採用、終始悠々たるペースで撮影を進めた。例えば「おくにの告白」のシーンでは、カメラ五台で臨んだ。

赤ひげの部屋を訪れたおくにが、複雑な家庭事情の中で死んでいった父親と自分の来し方を、一気に語る。おくに役の根岸明美は、十分近く一人で演じる。

「(昭和三十九年)一月二十九日
カメラを五台入れて、リハーサル。すでに数回のリハーサルで芝居の熟したシーンだが、十分近い場面をワン・カットで取るには、五つのポジション、つまり五台のカメラが必要だということになる。その一台一台を監督が覗いてポジションを決める。C、D、Eカメラは応援のカメラマン」(前掲「二人の日本人〈所収〉・黒澤映画の骨格・赤ひげ撮影日誌抄」)

黒澤組にベテランカメラマンを独占されると、東宝スタジオがマヒした。しかし「天皇」には逆らえない。黒澤は、まず二、三日はリハーサルに割き、役者の演技が固まると、翌日が本番となる。黒澤の体調がすぐれない時は、撮影中止。斎藤孝雄カメラマンの奥さんが亡くなった時は、彼が立ち直るまでと約一カ月撮影中止。

すべては最高の条件の中で、撮影は進められた。その間、主な俳優たちは他社出演禁止である。主役の三船は、自らの製作プロダクションを持っていたが、動きがとれず、他の主演作品を何本もキャンセルせざるを得なかった。以来、黒澤との間に深刻な凝《しこ》りを残した。

その後、黒澤作品が次第に雄大になっていくに伴い、製作資金も国内では賄えなくなってくると、陰りが見え始めた。

『赤ひげ』以後は、資金調達に時間が費やされるためか、これまで一、二年に一本のペースで映画が作られていたのが、五年に一本になった。

『乱』（一九八五年）は、シナリオを脱稿してから八年も待たされた。その間に『影武者』を一本作っているが、ライフワークと銘打った作品だけに、規模も壮大であった。

結局、フランスのグリニッチ・フィルムの出資が決まり、東宝と日本ヘラルドの出資を合わせて二十四億円の予算が決まった。国際的に評価の高い黒澤の存在なくしては、果たせなかった資金集めである。

黒澤は特に、美術は凝りに凝った。甲冑や奥方の着る唐織《からおり》の打ちかけは全部新調した。さらに富士山麓には実物大の城郭を建築。馬はアメリカからクォーター・ホースを五十二頭輸入して調教を始めた。唐織の打ちかけは、衣装担当のワダエミが、染め、織りの段階から京都で仕上げた。特に末の方（宮崎美子）のクリーム色の打ち掛けは、撫子《なでしこ》の花模様を織り込んだワダエミの自信作。

「四カ月ぐらいかけて織ったんですが、画面に映るのは三十秒（笑）」（著者インタビュー）

黒澤に言わせれば、「さっと撮って、撮りすてたらいい、何気なく見過ごされていく、ことが大事だ」（前掲『黒澤映画の美術・乱』）ということになる。

九州の飯田高原での大合戦シーンは、エキストラ約九〇〇名、馬は輸入馬を合わせて二三〇頭。青い旗差し物の三郎軍、赤の二郎軍、両者が怒濤《どとう》となって激突、凄まじい戦闘が繰り広げられる。

この雄大なスケールは、現在の日本映画には不可能である。

さらに落城シーン。三の城に入城した秀虎は、太郎軍と次郎軍に囲まれて総攻撃を受ける。ひしめく軍兵たちの火矢《ひや》の雨が襲い、城はたちまち火の海と化し、阿鼻叫喚《あびきょうかん》！　天守の最上階で炎に包まれる秀虎、自害しようとするが刀が折れ、果たせない。

白髪を逆立て、眼はうつろ。炎上する城を背に正気を失った秀虎が、煙と炎の中を長い石段を下りて来る……。

火炎に包まれた三の城の落城である。その凄絶な地獄絵。黒澤の詩魂が描く鮮烈な悲劇は、四億円をかけた落城シーンである。まさに「天皇」だけに許されたイメージの贅《ぜい》を尽くした映像である。

この『乱』撮影のロケ中、黒澤は、体調が優れない時や気分が乗らない時は、撮影を中止して休んだ。

しかし、ロケともなればエキストラも馬の数も、ただ事ではない。主役の仲代達矢は、早朝四時に起きてメーキャップを整える。そこへ「今日は撮影中止です！」の速報が入る、という。何度もあったので驚かなかったと言っていたが……。

何百万円もの製作費の損失も、気分の乗らない黒澤は、それを無視した。ただ、頂点に立つ黒澤の沸き立つ意欲だけが頼りだったという。

神の宿った笑顔――撮影も編集も百面相

黒澤組の撮影現場はいつも強い緊張感が漲っている。ひたすら高みを目指す黒澤は、罵声を浴びせ、時として、現場は修羅場と化す。とことん追い詰め、役者の演技に化学変化が起こった時、予想を超えてうまくいくことがある。照明の石井長四郎の証言がある。

「それが本番になって、うまく行った時にはいい顔して笑うんですよ、いい顔してますからね。みんなこれでまいっちゃう。コロッといかれちゃうんです。カット！　という声でみんな黒澤さんのほうをふり返ると、いい顔して笑っている。そうすると疲れが抜けるんです。みんな手を叩いて、お疲れ！　という」（前掲「黒澤明ドキュメント」）

黒澤は感情がそのまま表情となってストレートに顔に出る。感情を溜めたり、抑えたり、殺したりはしない。期待以上のものが撮れたりしたら、「いい顔して笑うんですよ」。スタッフの誰かが言った、「神が宿った笑顔」だと。

『赤ひげ』の監督助手だった出目昌伸は、編集中の黒澤について次のように述べている。

「監督の顔を見るだけで、どのシーンを目下、編集してるか直ぐわかりましたね。作中人物になりきって、可愛い長次（頭師佳孝）になったり、悲しそうなおとよ（二木てるみ）になったり……まさに百面相なんです……」（著者インタビュー）

黒澤には特異な才能がある。それは集中力の凄まじさである。彼は劇中の人物になりきってしまい、彼らの表情が、即、表情となって、人物の感情が、即、感情となって黒澤の顔に出る。

娘の和子は、父の晩年の作品には衣装係として現場に参加した。

「自分が書いた脚本を自分が演出しているというのに、俳優さんの演技を目の前に、おかしい場面では吹き出し、醜悪な場面では顔をしかめ、悲しい場面では今にも泣き出しそうな顔をする。表情がさまざまに変わり、子供のように夢中になっている」（前掲『回想　黒澤明』）

撮影中、カメラそばの監督チェアに座った黒澤は、まさに百面相なのである。

黒澤自身も、次のように語る。

「人間は、集中して夢中になっている時が、一番楽しいんじゃないかな。それが幸せだよね、子供が遊んでいるときの、あの無心な顔は素敵だものね。声をかけても聞こえない感じ。あれが幸せというものなんだね」（同前）

集中力、想像力に関係しているのか、黒澤は能が大好きである。能は、集中力、それに想像力がなければ無縁の芸能であると言われている。簡素な舞台に無表情の面《おもて》、しかし、制約ある動きの中に、その表情が変化。この時、無限の想像を掻き立てる。黒澤は、この能に「不思議な恍惚感」を覚え、生涯、能を愛した。そして映画の演出にも強い影響を受けた。

きっかけは戦時中、美に飢えた彼は、日本の伝統的な美の世界に没入していった。特に能は、彼の心を捉えて離さなかった。

梅若《うめわか》万三郎の「半蔀《はじとみ》」⑲に心を奪われたことがある。

「外は、凄まじい雷雨だったが、万三郎の舞台を見ているうちに、その音は全く聞こえなくなった。そして、万三郎が半蔀から出て、序の舞を舞いだすと、その姿に夕日がさっと射したように見えた。

『あ、夕顔が咲いた』

私は、不思議な恍惚感の中で、そう思った」（前掲『蝦蟇の油』）

黒澤はシナリオを書く時、箱書きといって、構成表を使わない。想像力を掻き立て、作中人物が動き出すのを待つのである。動き出せば、ファーストシーンから書いていく。

「今日書いていて、明日はこういう具合にしようと思っていても、登場人物が本当に生きた人間に描かれていたら、その人間たちが、それぞれの主張をするわけですね。予定したように話が進まないです。川の流れのようにくねくね曲がるし。でも、そういう不思議な展開をしたところが、自然で、見ている方には大変面白い」(「私の映画観」京都賞受賞記念講演)

書き出すことで、人物が黒澤に憑依、動き出す。その人物の動きを忠実に追いかければ、シナリオは自然にできていく、と言うのである。

また、作品への思い入れも、尋常ではない。

「映画監督にとって、一本の作品は、ある一生だからだ。私は、一本の作品ごとに、様々な一生を暮らしてきた。映画の上で様々な人生を経験してきた。一本一本の映画の中の、様々な人間と一体になって生きてきたのである」(前掲『蝦蟇の油』)

彼にとって、創作物は、想像の世界ではなく、彼の人生そのもの。それゆえ、作品の中で、「様々な人間と一体になって」生きてきたと、疑似体験を告白している。

『乱』を撮影の時のこと。それは、阿蘇の砂千里ヶ浜で主人公・秀虎が死ぬシーンを撮影する朝だった。衣装を整えた仲代達矢に、黒澤が近づいてきた。

「その日の朝、黒澤さんはいかにも、お互いにこういう場面は辛いものだねえ、という表情で私に胸のあたりを叩いてみせ、『僕、昨夜はなんだかこの胸のあたりが痛くてね、全然眠れなかった。秀虎のように胸をかきむしったよ。仲代君も胸が痛かっただろう？　……眠れなかっただろう？』と、同情するような、優しい目で言われるのだ」(『全集黒澤明第六巻〈所収〉・壊しては前進する芸術家』)

仲代は返事に窮した。昨夜はぐっすりと眠り、胸など痛くなかったのだ。改めて黒澤の作品に賭ける熱き思いを知らされた。

「凄いなあ。黒澤さんのこれほどの没入の深度に比べれば、私などまだまだ浅瀬に漂っているとしか言えない」（同前）

秀虎が息子たちの裏切りで気が狂うシーンでは、

「狂ったふりをする芝居でなく……」（同前）

と、黒澤は仲代を追い込む。

とにかく、黒澤の演出の要求は凄まじかったと、仲代は述懐している。

さらに、黒澤は台本について、「毎晩、夜中に部屋の中をうろうろして書かなきゃならない」（「映画にとって音楽は毒薬だ」週刊朝日一九八五年五月十七日号）と、慨嘆している。

「そのときつくづく思うよ。監督というのは、人を使ってなにか好きなものを作っているって言われるけど、そうじゃなくて、こっちがこき使われている感じがするよね。台本に書いた人間に『私はそれではいやだ』といわれるわけよ。それに従わなきゃならないから、すごく苦しむ。しかし、そういう人間をつくりだしたのは、ぼくなんだから、結局は文句もいえない。夜中にうろうろしていると、これは因果な商売だと思うよ。もっとも、そういう因果な苦しみ方をしないと、いいシーンも撮れない。しかも全く満足だなんてシーンは撮れない」（同前）

作中人物になりきる集中力は、並大抵ではない。そのため、黒澤は最後の撮影を終えたとき、特別な寂寥感に襲われる。

「一本仕事が終わると、心の中を風が吹き抜けるようなね。そういう状態になるんですよ。この人たちともう二度と会えないということですね。俳優さんじゃなくて、役ね。俳優さんにはまた会えるけど、勘兵衛なら勘兵衛という人には、もう二度と会えないわけでしょう。その人物のことを一生懸命書いてきて、撮影中、毎日毎日、一緒に暮らしてきたわけでしょう。その人と別れちゃうという思いですよ。それが、すごく悲しい淋しい気がするんです。本当にその人のことを毎日毎日、考えているわけですから、監督というのは。だから実に親しい間柄になっているわけですけど、仕事が終わったとたんに、もうそれっきりになっちゃうわけ」(「黒澤明『七人の侍』創造の秘密を語る」ニューフリックス一九五三年八・九月号)

肉体の限界を超え、命を削って作品に注ぎ込む黒澤は、作品を終えた時、自宅ではなく病院へ直行する。『赤ひげ』の時の撮影が終了した時も、抜け殻となって病院のベッドに倒れこんだ。

「とにかく、作り上げた時は、バテてしまって、入院しても、肺活量なんかなくなっていてね。部屋が五階だったんだけど、飛び降りそうになって」(前掲「全自作を語る」)

黒澤作品の一つ一つは、自らの命を削り、魂を作品に注ぎ込むような作業の果てに誕生する。

予期しない美しさに執着

黒澤は常に映画づくりのフロンティアとして、日本映画の製作システムを変革していった。

撮影に入る前にリハーサルの期間を確保したり、最後の編集の日程を確保したり、映画づくりの基本のベースを、自ら実践することで確立していった。いいものを作ろうとする完全主義者の顔がここにはある。

シナリオ作りにおいて共同で脚本作業を始めたのも黒澤である。

「やはり自分は癖があって、少し偏り過ぎるし、自分が全部書いた本で自分が演出すると、ひとりよがりのところが、どうしてもできます」（「黒澤明・津村秀夫対談」映画評論一九四八年七月号）

黒澤のシナリオづくりの凄まじさは、すでに伝説化している。共同執筆を多用したので、参加したライターから、その密室の実態がいくらか明かされた。

久板栄二郎は共同執筆常連の一人である。ドストエフスキー原作の『白痴』では、熱海の旅館に一カ月籠ったことがある。久板は、黒澤の仕事に立ち向かうときの集中力に感嘆している。

「撮影現場でも、あの鬼気を帯びた面構えに、初めての役者などは怖れをなすらしいが、シナリオを書いている時でも、凄まじいものが感じられた。

旅館のベッタリした大きな机を前にあぐらになって座ると、二時間でも三時間でもぶっ通しすべてを鉛筆の先端に集中する緊張ぶり……だから、仕事が終わったときは、肩から背中へかけて硬直してしまう。畳の上に腹這いになって『背中へのってくれよ』といわれたことも毎度のことだった。夕食には水割りのウイスキーをちびちびやりながら、三、四時間は雑談に花を咲かせる。これがまた緊張をときほぐす療法でもあるのだ」（前掲「黒沢明・その作品と顔〈所収〉・黒澤映画シナリオ共作の秘密」）

黒澤は、助監督時代にシナリオ・コンクールで次々に受賞しても、慢心にならなかった。黒澤は、自分の目論見より、作中の人物の声を優先した。自ら、奢《おご》る心を警戒し慎んだ。

脚本の共作は、戦後、植草圭之助と『素晴らしき日曜日』から始めた。

我見を捨て、謙虚に取り組んだ。

「一人一人の人間を、自分だけで一面的にしか解釈しない危険がある。それが三人で書いていると、ある人間に対して三つの面から解釈するし、納得いかないところは互いに討論できる。それから監督は自分の映画を作るうえで都合のいい方へ、筋や主人公を、引っ張り込んでいくところがあるが、三人ぐらいでやっていると、そういう危険も避けられるわけです」（前掲「悪魔のように細心に！　天使のように大胆に！」）

共同執筆も三人が多かったが、『悪い奴ほどよく眠る』では、なんと黒澤に加え、一流脚本家（小国英雄、久板栄二郎、菊島隆三、橋本忍）四人も揃えて臨んでいる。しかし、この共同執筆は、黒澤の強いリーダーシップがあって、初めて成り立つシステムであった。

黒澤は、本番前のリハーサルの期間も、しっかり取った。

『羅生門』で、大映から一人参加した京マチ子は、リハーサルに驚いた。

「映画を撮るのにお稽古なんてありませんでしたからね。セットに入ってからのリハーサルはありましたけど、黒澤先生のお稽古の仕方は、凄いんですよ。私、あれが、最初で最後の経験でした。クランクインの十日くらい前から、みっちり」（「日本のスター『京マチ子の巻』」キネマ旬報一九六三年四月上旬号）

本読みの段階から衣装を着け、俳優は劇中に入っていくのである。

「何回も稽古を重ねるってことはどういうことかというとね、一日で進歩するのは紙一枚分の厚さくらいですよ。何回も繰り返しやっているうちに、だんだんムダなものがなくなってギューッと凝

縮してくるんでしょ」（筑紫哲也対談『映画』をいかに摑むか」朝日ソノラマ）

リハーサルは、「ごく自然に見えるまで稽古して、それから撮ります」（前掲講演「私の映画観」）

こうして、いよいよ撮影に入る。黒澤は綿密な演出プランを持って現場に臨むが、予定どおり進むのを、好まない。

「一応ちゃんとコンティニュイティは書くんだけど、その通り撮れても面白くない。そうではなくて、スタッフの誰かが何か言って、それがきっかけで急に不思議な効果が生まれてくることがある。それを全体のバランスを崩さず交えて行った場合、大変面白くなる」（前掲「悪魔のように細心に！天使のように大胆に！」）

黒澤組の千秋実や志村喬からは、「黒澤組の俳優はベテランばかりだから、だいたいのことはスカッとやるんです」と黒澤の性癖を知悉している答えが帰ってきた。しかし、スカッとでは済まないこともある。二人は次のようなことをしゃべってくれた。

千秋「その上に『何かないかなあ』ということを必ず考える。だけど、本人にもそれは分かっていない。『うん、大体いいんだけどなァ……なにかもうちょっとないかなァ』（笑）。これが長いんです」

志村「プラスアルファですよね」

千秋「それで何回もテストする。それでもう腹立ってしまって、こっちもやけくそになってやったりする。『あっそれだ！』」

志村「もうイタチの最後っ屁ですよ。『これでOKしなけりゃ、どうともなれ！』っていう気持ちでやると、OKなんですよ（笑）」

千秋「並みでスーッといっちゃうと、面白くないんですね。なにか新しいものにぶち当たったということが嬉しいんですよ」（「黒澤明を語る人々」黒澤明研究会　朝日ソノラマ）

黒澤は「演出窯変《ようへん》説」を、しきりに語る。壺を焼く時、窯の中で壺が灰をかぶり、釉《うわぐすり》の流れが予期しない美しさを作ることがある。

「演出をしてる時、そのような計画にはいっていなかった面白いことが時々あるので、それを僕は『演出窯変説』と言っているんです」（前掲「悪魔のように細心に！　天使のように大胆に！」）

〝人事を尽くして天命を待つ〟とあるが、天の意思にも注文をつけかねない、完全主義者である。

監督は、百人前後のスタッフを使い、自分の手足として、イメージを具現化していく。

『蜘蛛巣城』の撮影の時、大学生時代にエキストラとして出演した評論家の白井佳夫は、その厳しい撮影風景を次のように描写した。

場所は東宝のオープンセット。城郭の前の三船敏郎扮する鷲津武時ら武将たちの演技が撮られる。背景は熱湯の入った石油缶、そこにドライアイスを入れると濃い真っ白な蒸気がたなびく。三台のカメラが鷲津らを捉える。

「その三台のカメラのどれをも、黒澤さんは、いちいち入念に自分で覗いて、アングルを決める」（前掲「世界の映画作家3」以下同）

三台のカメラは望遠レンズではるか彼方から狙う。黒澤は、それらを行ったり来たり、「何度も精魂を込めて覗く。それだけでも神経の疲れる、重労働である。細かい演技指示はマイクロフォンでやる」。助監督が殺気立って伝令に飛び、ライトマンが目を血走らせて走り、大道具らが右往左往する。

「バカ野郎！　そこの三番目の武士、もっと左だ、左！　助監督、郎党たちを位置につけろ、そうじゃない、指示した通りにやれよ、もっと早く、早くしろよ、え！」

黒澤の叱声が響き渡る。人物の動きが変わり、ライトが変わる。

「入念に綿密に計算された場面を、自分のイメージ通りに、ニューズ・リールのように一見無作為なリアルな効果で撮影する、決定的瞬間を狙おうというのだから、まことに大変である」

こうしてマイクロフォンからの黒澤の声が、「ヨーイ・スタート！」と響く。これが、二度、三度と繰り返され、最良のものに向かって、すべてのものが凝縮されていく。そして、やっと、

「本番いきまーす！」

アクションが、異様な緊張の中で、続いていく……。

黒澤の「カーット！」の声。間髪を入れず、

「武将の動きがまずかった、もう一度！」

郎党の一人として演じつつ、撮影を眺めた白井は黒澤を、「パーフェクショニストの孤独」と見た。

「黒澤さんが今、実現させようとしているイメージは、この大集団の中で、他ならぬ黒澤さんただ一人にしか、わかってはいないのではないだろうか。黒澤さんの指示のもとに、この撮影に参加している演技者とスタッフの大集団の全員が、一糸乱れずに、全知全能を尽くして、ギリギリの努力を傾けているのは、偽りのない事実だ」

しかし、監督の指示を絶対のものとしている腹心のチーフ助監督にも、分身のカメラマンにも、

「黒澤さんが何を、どのように本当に画面に実現させたがっているのかは、わかってはいないのでは、ないだろうか」

そして白井は、こう結論づける。

「二十世紀機械文明時代の集団総合芸術である映画を、デモーニッシュ（悪魔に取り憑かれたような）な完全主義で、十九世紀的な個人藝術化とでもいうべき次元で、完璧に世界の冠たるユニークなものとしている、映画作家である」と。

一人のエキストラとして現場に立った白井の、偽らざる黒澤観である。

「黒澤さんが、自分のイメージを何とか画面に実現させようと、うまずたゆまず必死の指示を続け、怒声とともに仕事の鬼となって、みんなに気合をかける」

ここに完全主義者の顔がある。のちに黒澤は、このイメージを守り抜く我執を、天の声だとした。

「スタッフは僕に何か言われると、しゃくに障るだろうと思うよ。でも僕は、別に誰かがいやだから言ってるわけじゃない。意地悪で言ってるわけでもない。何か僕が命令されてやってるわけだからね。

天の声みたいなものがあるね。一緒にやってるみんなに何かが乗り移ったみたいになるってあるんだよんね」（前掲「映画にとって音楽は毒薬だ」）

イメージを追えば追うほど、困難な撮影になるが、彼は一切妥協をしない。

「完璧なものを求める強靭な精神がない限り、いいものは創れない。そういう力をいかにして自分の中に育てるか」（前掲「特別インタビュー黒澤明」）

映画には、限られた日数と予算がある。黒澤には、その軋轢《あつれき》やトラブルが絶えない。

しかし、黒澤の完全主義は微動だにしなかった。

「見ていて嫌だなと思ったら、嫌じゃなくなるまで徹底的に直すよ。どんな細かいことでも。嫌だなと思ったところは、ラッシュ見ても、どうしてもそこに目が行くしね。絶対嫌だと思ったのは、やかましく言う。

我慢しないね。それは妥協したら、もう、きりがない。妥協するという精神でやっていたら、肝心なところまで妥協していくことになるからね」（前掲「インタビューAKIRA KUROSAWA」）

それを支えるのが職人気質である。あくまでこだわり、あくまで粘る。気が済むまで労を惜しまない。映画はすべて手作業であり、手を抜くという精神はそこにはない。

「僕は芸術家と呼ばれるより、映画の職人と言われる方が本当は好きなんだ」（前掲（「インタビュー黒澤明」ノーサイド）

黒澤はさらに語る――常に完全主義を標榜しながら、現実は「敗軍の将」だと。

「どの映画もどの作品も、撮り終わってみると不満足です。不十分なのですね。思うように撮れたり、考えていた通りの映画が出来上がったりしたことは一度だってありません。

僕は、戦いに敗れることを活力源にして次々と戦いを挑んでいる第一線の司令官であり、そのことをとても誇りに思っています」（「黒澤明独占インタビュー」週刊平凡パンチ一九七九年十二月三一日・一九八〇年一月七日合併号）

常に道半ばとの思いが完全主義者の宿命かもしれない。

シナリオの時から音楽が……

黒澤は音楽、特にクラシックが大好きだ。

かつて、黒澤家の食客となったことのある俳優・土屋嘉男は、黒澤の音楽好きを次のように記している。

「黒澤さんの好きな作曲家はベートーベン、ドボルザーク、ブラームス、ムソルグスキー、マーラー等で、クラシックのみならず、現代音楽、ラテン等の民族音楽まで広範囲にわたって好んで聞いていた。反対に耳にしただけで顔色まで変わるのが、演歌だった」（『クロサワさーん！ 黒澤明との素晴らしき日々』新潮社）

土屋は『七人の侍』の利吉役で俳優座からスカウトされ、その撮影中、黒澤家の食客となった。

「黒澤家にいる間、ドボルザークの『新世界』をよく聞かせてくれた。『助監督の頃からずーっとこれを聞いていてねえ、いまに監督になったら、こんな感じの映画を撮りたいと思い続けていたんだよ。そして、それがいま実現しつつあるんだよ』。つまり、『七人の侍』は、これがそもそもの原動力であったのである。

黒澤作品のすべては、まずこんな具合に、常に音楽が先行していた」（同前）

音をボリュームいっぱいにして聴くので、家族から苦情が出たという。黒澤の思いが作曲家・早坂文雄に伝わり、あの雄渾な音楽「侍のテーマ」に結実したのである。

たしかに黒澤映画は、音楽と不即不離の関係にある。いずれも音楽から映像のイメージが蘇る。

『素晴らしき日曜日』――未完成交響曲
『酔いどれ天使』――ギター奏でる「人殺しの歌」、そして「ジャングル・ブギー」。

『生きる』――流行歌「ゴンドラの唄」

『どん底』――馬鹿囃子
『用心棒』――野放図なバーバリズムを強調したリズム。

『赤ひげ』――ハイドンを思わせる荘重な音楽。

『夢』――「水車のある村」での葬列の楽し気な跳ねっ子の舞う楽隊。

『八月の狂詩曲』――童謡「野ばら」

『まあだだよ』――「オイチニの薬屋さん」

黒澤映画にとって音楽は極めて重要なファクターなのである。

シナリオの段階からイメージの中で音楽が鳴り響く。そして音楽を聴きながら書き進める。そんな習性が黒澤にはある。助監督時代にこんな体験がある。

「『敵中横断三百里』は本当に演出したかったたな。コサックを使って。これはスッペ[20]の『軽騎兵』序曲のレコードをかけっ放しにしながら三日ぐらいで書き上げたんです。そりゃあ早いですよ、頭の中にはイメージが一杯詰まってた時だから」（前掲「全自作を語る」）

遺作となった『まあだだよ』も、音楽をかけっぱなしで書いた。

シナリオを書いている時も、映画を撮っている時も、音楽を貪欲にリサーチしていた。

『創作ノート赤ひげ』の準備中、黒澤はスタジオにベートーベン第九『歓喜の歌』を流していた。

「あれを聞かせて『最後にこの音色が出なかったら、この作品は駄目なんだぞ、このメロディが出なかったら』と繰り返しいったんだな」（前掲「全自作を語る」）

「音楽って毒薬ですね」（前掲「映画にとって音楽は毒薬だ」）と語る黒澤には、映画音楽について独自の理論がある。

「映画音楽は、うるさいと感じたら勿論無い方がよい。音楽が映像の表現にプラスになる程度なら入れる必要はない。音楽を入れるのは映像表現を倍加、または数倍化する時だけに限る。映画は映像×音響である。映像＋音響では映画にはならない。映画の出発点は、サイレントだった事を忘れてはならない」（創作ノート）

黒澤は、晩年に組んだ作曲家・池辺晋一郎に映画音楽について次のように語っている。

「監督は面白い話をしましたね。完全の音楽を書かないでくれ、どこか足りない音楽を書いてくれ。音楽が欲しいところは自分も足りない映像を撮ってるんだ、音楽と映像を足して一にするんだと。一の音楽を書かないでくれ、『〇、いくつか』でいいんだって言われましたね」（前掲「黒澤明・天才の苦悩と創造」）

「映画が音楽に全部寄っかかるのは困る。だからぼくは、いちばん重要なところには絶対音楽は入れないし、役者になにも手助けをしない。音楽より突き抜けたものがでなきゃいけないから」（前掲「映画にとって音楽は毒薬だ」）

黒澤は一作一作、映像と音楽との緊張関係の中で、葛藤し、挑戦している。

ハイドンよりいいのを書いてよ

黒澤の異常と思われるような映画音楽への執念が、作曲家とのトラブルを生むことも少なくない。映画音楽を共に切り拓いてきた早坂文雄が天逝したあと、彼の弟子の佐藤勝がその後を引き継いだ。『用心棒』や『赤ひげ』などで、新境地を開いた佐藤だったが、『赤ひげ』の頃から二人の間に亀裂が生じた。

その原因は、磁気テープの出現である。それまでの作曲家との音楽打ち合わせは、黒澤が気に入ったレコードを数枚渡し、こういうイメージのものを作ってくれという注文だった。ところが今度は、編集の時に画と一緒にセリフのテープがあり、さらに音楽のテープも合わせて編集できるようになったことで、黒澤の編集意欲に火をつけた。

「さあ、こうなりゃ、こっちのもの。黒澤さんは面白くてたまらない。今まで治外法権だった音楽の分野に、やっと具体的に手を付けられるのだ」（『もう一度天気待ち――監督・黒澤明とともに』野上照代　草思社　以下同）

黒澤は家に帰っても、クラシックのCDを絶えず聴き、映画に使える曲の選定に夢中になった。

「いい曲が見つかると、朝、編集室へ来る足取りが違う」

大きい手にCDを五、六枚わし摑みにしてレコード室に直行、編集助手に渡して三十五ミリテープに収録してもらう。

黒澤はルンルン気分でシンクロ機（画と音を同時収録）に向かう。そして画のフィルムとセリフのテープと選んだ有名作曲家の名曲のテープを横に揃える。

「黒澤さんはそのハンドルを手で回しながら、鼻歌が出るほどである。だがこの名曲はあくまで作曲家に自分の狙いを伝えるためだ、と言われる」

こういう名曲付きの編集ラッシュを作曲家に見せ、「いいだろう？　こういうのが欲しいんだ」と伝えることで、作曲家との打ち合わせとした。

これが作曲家のプライドを傷つけ、作曲家の意欲を損なう行為である事に、黒澤はまるで気づかなかった。作曲家に対して無頓着でもあり、驕りもあった。

作曲家は独自のプライドをもって生きているだけに、磁気テープの出現以来、作曲家とのトラブルが絶えず起きることになる。

野上照代が、『赤ひげ』の中での、黒澤と作曲担当の佐藤勝とのやり取りを記している。

いじけた少女のおとよ（二木てるみ）の看病で疲れ、倒れてしまう医者・保本（加山雄三）を、今度は逆におとよが看病するシーンである。看病するおとよが、ふと窓の障子を開けると、表は雪が降りしきっている。黒澤は、この窓を開けるところから、ハイドンの交響曲94番〝驚愕〟を流した。

「黒澤さんは全く邪気のない声で、作曲の佐藤さんに言った。

『いいだろ、ドンピシャだろ。佐藤もこれぐらいのを書いてよ』

『だったら、このままハイドンをお使いになったらいかがですか』

佐藤さんの笑顔がこわばっていた」

黒澤は「ハイドンよりいいのを書いてよ」と、どこまでも無邪気である。

結局、佐藤はハイドンの呪縛が解けず、似て非なるものを作った。

「それを聞いた黒澤さんは、ひと言、こう言ったのである。

『なんだ、ハイドンとそっくりじゃねえか』」

佐藤は、黒澤のあまりにも無神経な言葉に唇を嚙んだという。

『赤ひげ』以降、黒澤のハリウッド進出等もあり、二人のコンビは約十五年間の空白期があったが、『影武者』で、再びコンビ復活となった。

しかし、約十五年の歳月を経ても、何も変わってはいなかった。

それは、三州街道を武田軍が後退してくる場面で、夕焼けを背景にシルエットの軍勢が黙々と続く、重苦しく、美しい情景のシーンである。

「黒澤さんがこの場面に選んだ曲は、グリーグ作曲『ペール・ギュント』の〝ソルヴェイグの歌〟㉑のメロディである。その美しく哀しいメロディは、この抒情的画面を更に感動的にするものだった。

この音楽付きのラッシュを観た佐藤は、直接、黒澤に不満を述べられないので、スクリプターの野上に、「どうしても今度の仕事はできない」と降板の意思を伝えた。

佐藤勝は自著『３００／４０　その画・音・人』（キネマ旬報社）で、こう述べている。

「僕は黒澤明さんの『影武者』（一九八〇年）の仕事を降りています。黒澤学校の中途退学者とでも言いますか。黒澤さんの狙いと僕の考えている事に、ギャップがありすぎたんですよ。（中略）あまりにも有名な、いわゆる名曲に似ていて、しかもそれより優れたものを、なんて考えられますか」

黒澤は武満徹を望んだが忙しくて、彼の推薦で池辺晋一郎が担当することになった。

当時、野上はアシスタント・プロデューサーをしていた。黒澤の最近の音楽打ち合わせは、既成の名曲を編集ラッシュにつける方法だと説明すると、池辺は「かまいませんよ、僕は」とあっさり了解してくれたという。

こうして佐藤勝は、黒澤のもとを去っていった。

天才同士の激闘

黒澤のライフワークとして取り組んだ『乱』の音楽は武満徹が担当した。

黒澤は『乱』を自らの集大成と考えていた。特に三ノ城の落城シーンは最大の見せ場として、ここに使われる音楽には執心を燃やした。

『乱』は脚本を書いてから、約九年後に撮影の運びになった。大作だけに引き受ける会社が決まらず、結局、フランスのグリニッチ・フィルムの出資が決まり、東宝とヘラルドの出資と合わせて、計二十一億円の予算が決まった。その間、黒澤は『影武者』を撮り、満を持して『乱』に取り組んだ。

武満徹は『乱』の脚本を貰ってから九年間、さまざまな作曲プランを練りあげていた。

『乱』の撮影は昭和六十年（一九八五年）二月に終了した。いよいよ音楽づくりが始まる。武満は野上に、「ラッシュ試写の時は絶対に黒澤さんの音楽をつけないで見せてほしい」（前掲『もう一度天気待ち』）と再三注文を出した。ところが「一度、僕の考えも聞いてもらいたいから」（同前）と、まったく譲る気はない。三ノ城の落城はシナリオにも黒澤の思いの丈《たけ》が込められている。

「以下、落城の凄まじい地獄絵になる。そして、この地獄絵巻には現実の音は無く、白昼の悪夢のように展開する。それは、仏が涙して見つめる人間の悪業、修羅道の眺めである。その画に重ねる音楽は、その仏のように、深い苦悩の拍子を踏み、悲しみに満ちた旋律を唱し、すすり泣きのよう

に始まって、輪廻のように繰り返されて徐々に高まり、やがて数知れぬ仏たちの号泣のように聞こえてくる」（シナリオより）

そして、黒澤は「ここは武満に任すからね」（同前）と、武満への期待を伝えていた。

ついに待ちに待った落城のラッシュを、音楽打ち合わせを兼ねて見た。武満は、次のように語った。

「シンセサイザーで作って、ラッシュの時持って行ったんです。そしたら、黒澤さん『僕も付けたよ』って（笑）。彼はピッタリ編集してつけてんですよ」（『巨匠のメチエ――黒澤明とスタッフたち』西村雄一郎　フィルムアート社）

あれほどラッシュでは音楽をつけないで観せてほしいと頼んでいたのに、マーラーの「大地の歌」がぴたりと入っていた。六分の長尺シーンだが、音楽に合わせてフィルムを切っていた。

武満は強い不満を懐いたが、作曲を進めて、その音楽の収録を北海道で、札幌交響楽団を使い、指揮にはわざわざ岩城宏之を呼んでの収録となった。そして、衝突は起こった。

収録は無事に済んだが、黒澤には不満が残った。さすがに彼も、直接、武満にそれを伝える事を憚り、メモ書きした紙片を野上に渡し、届けさせた。彼女は武満の部屋のドアの下から、そっとそのメモを差し込んだ。

翌朝、レストランで黒澤と野上が朝食をとっていると、血相を変えた武満が同じテーブルに座り、開口一番、「僕のどこが違うんですか」と詰め寄った。悪いところがあれば、直接、正直に言ってほしい。

「僕はもう、この仕事はやめますから」（前掲『もう一度天気待ち』以下同）

不意打ちを食らって、黒澤はたじろいだ。

この不協和音は東京に持ち越し、最後の仕上げのダビングの時、爆発した。

事件は、シーンナンバー三六の大手門の場面の音入れで起こった。場所は東宝録音センターである。

主人公の秀虎が一の城を追われ、二の城からも追われ、門を出る。怒り心頭の秀虎は、次郎を激しく責める。

「門を閉めろ！　もはや、貴様は見たくない！」

秀虎の背後で、大扉がギーッと閉まる。

「途端に、今まで傲然と胸を張っていた秀虎の、力が抜けてよろめく。そのよろめくところから、ピーイッ！　と武満さんらしい笛が高鳴り、次のカットのギラギラした太陽へつないでいる」

この笛に低音のティンパニが重なり、ググーンと入る。黒澤は、この低音にこだわった。「腹の底にこたえるように、もっと重量感がないと！」

武満はスクリーンに近いソファに座り、黒澤は録音技師たちのいる場所に陣取った。彼は技術スタッフに、「力強く、ググーッと出してよ」「テープの回転を下げてみてくれない？」と、つぎつぎに注文。そのとき後ろ姿の武満の肩は、怒りを抑えるために震えていたという。

沈黙を守っていた武満が、ついに立ち上がった。音楽を切っても、貼っても結構だが、「タイトルから僕の名前を削ってほしい。それだけです！　僕はもう止める、帰ります！」、と言い放つと、カバンを抱えて出て行ってしまった。

野上は、二人の衝突を、「天才同士の激闘」と表現している。両者とも決して妥協しない性格であり、それだけに自作に自信と強い矜持を持っている。黒澤の場合、百人近いスタッフを束ねて、意のままに操るカリスマであり、天皇と呼ばれ、絶対服従の世界である。すべてイエスマンであり、まともに反発する相手は皆無だっただけに、黒澤も戸惑いを隠せなかった。
結果は、プロデューサーたちの奔走で、武満徹が折れ、無事ダビングは終わった。最後は黒澤の勝ちということになるのだろうか。

《**参考資料**》
⑲梅若万三郎《うめわか》（一八六九～一九四六年）の「半蔀《はじとみ》」：観世流能楽師。明治、大正、昭和にかけての名人。演目「半蔀」は、『源氏物語』の夕顔の巻を素材に、夕顔の純粋な恋の思い出が題材となっている。
⑳フランツ・フォン・スッペ（一八一九～一八九五年）：オーストリア出身の作曲家。本文中に出てくる『軽騎兵』序曲はスッペの代表作。冒頭のトランペットによるファンファーレが特徴的。
㉑ソルヴェイグの歌：ソルヴェイグとは、主人公・ペール・ギュントが出会った少女の名前。少女が彼に捧げた子守歌からタイトルがつけられた。もともとイプセンの戯曲『ペール・ギュント』の劇音楽で、作曲家・グリーグによる作品。

第4章

黒澤家の食卓

——酒とステーキと宴会伝説——

大好きなウイスキーと（ソ連でのサントリーCM撮影風景、1976年） 提供・黒澤プロ

ロケは毎夜車座の宴会

独酌する黒澤……。これほど黒澤のイメージから遠い風景はない。

「お酒も、一人で静かに飲むというより、飲む時はみんなと一緒に賑やかに飲む方が、お好きなようだ。地方ロケの時は、たいてい宿の大広間などで、スタッフと一緒に夕食をしながら飲むことが多い」（前掲「世界の映画作家3・黒澤明編」）

と、『羅生門』で初めてスクリプターとして黒澤組に入った野上照代が書いている。

黒澤の宴会好きは、どうやら縄文の血が流れているためかもしれない。彼のルーツは平安中期の陸奥の豪族安倍貞任まで遡ると、すでに記した。安倍族は原日本人の縄文人であり、彼らは狩猟採集で生き、夜は獲物で豪快に酒宴を楽しんだ。

黒澤の遺作『まあだだよ』では、子弟が童心に帰って、先生の誕生会である「摩阿陀会《まあだかい》」を祝って、酒宴に興ずる場面がある。（以下シナリオより）

先生「久しぶりに……オイチニの薬屋さん……あれをやろう」

声「待ってました！」

みんな列をつくって踊り出す。

〽オイチニの薬は日本一、オイチニ、オイチニ……

「宴席は支離滅裂、不行儀の至り、混乱の極、全員総立ちで踊り狂い、合唱の声に沸き返る」

会場は、子弟の楽し気な交流で、最高潮になる。黒澤は、この作品で酒宴の楽しさを存分に描いたが、それは自らのルーツの再現でもあったかもしれない。
事実、これによく似た宴席が、ロケ地で夜な夜な行われていた。

黒澤は、スタジオのセットの中より、自然を相手に撮影することが大好きだった。したがって、どの作品も必ずロケーション撮影が組み込まれている。
ロケ先では毎夜、主だったスタッフや俳優と輪になって会食し、主席に座った黒澤の独演が続く。
「みんなでいっしょにご飯食べる時が一番楽しいね。内内の話をしたりね。僕はよく、あそこで演出をしちゃってるんだよって言うんです。宴会で同じ家族みたいになると、現場でもやりいいですよ。映画はみんなで作っているんですから」（「黒澤明が自画像を語った」週刊宝石一九九三年三月十八日号）
しかし、毎晩となると主役の三船敏郎などは、宴会の場から消える算段をする。三船と一緒によく消えた千秋実の証言がある。
「ロケーションというと全部一緒の生活をしないと気が済まない。それを三船くんなんてのは嫌がってね（笑）。『もういい加減にしてくれ』といいたいぐらい、毎晩毎晩とにかく一緒の席で酒を飲んで飯を食って、夜中の一時くらいまで話してないと気がすまない」（前掲「黒澤明を語る人々」黒澤明研究会）
もし、宴会から消えたことがバレたりすると、翌日、撮影現場で、「もう一度」「もう一度」を繰り返され、敵討ちにあうと、千秋は告白している。

『七人の侍』で好演した土屋嘉男は、黒澤組の夜の宴会を次のように記している。
「やがて、黒澤さんの大好きな輪唱が始まる。三組に分かれて、まずは、
〽聞け聞け　鐘の音　空に響くよ。
リーンゴーン、リーンゴン、
空に響くよ。
なかなかうまく行かないと、黒澤さんは、一人、一人にダメ出しをする。まるで撮影の時と同じになってくる。夕食に出ない連中は部屋にいて、『ほら、また始まったよ。リーンゴーン、が』と、あきれている。
リーンゴーンが終わると、次は、カッコウだ。割り箸を持った黒澤コンダクターは、ますます真剣になってくる。
〽静かな湖畔の、森のかげから、
もう起きちゃいかがと、
カッコウが鳴く、
カッコウー、カッコー
カッコ、カッコ、カッコー。
まるで女学生の教室……と言いたいが、それは全く野獣の教室であった。三船ちゃんも一生懸命『カッコー、カッコー』と鳴いていた」（前掲『クロサワさーん！　黒澤明との素晴らしき日々』）
前半の歌は『聖者の行進』、後半は『郭公《かっこう》ワルツ』である。演歌が聞こえてくると顔色が青ざめ

ると言われるほど演歌嫌いな黒澤は、こんな童謡じみた歌が大好きで、酔うと必ず歌い出すという。

長年、助監督のチーフを務めた野長瀬三摩地《のながせさまじ》の回想がある。

「黒澤明といえばこわい監督というイメージを、多くの人が持っているが、仕事を終えた黒澤さんはニコニコと、両目をまるで象のように細くして、スタッフに囲まれて自分も歌いながらタクトを振っている」（前掲「黒澤明ドキュメント」）

スクリプターの野上は、『羅生門』の奈良ロケの頃を次のように回想している。

「『羅生門』の頃は、飲んだあげく、よく若草山のてっぺんまで駆け上がる競走をした。みんな若かった。山の上で三船さんや千秋さん達と一緒に輪を作って、炭坑節を踊ったりした。黒澤さんは私に振付を教えてくれた。『月が出た出た』と左右交互に手をかざし、『掘って掘ってまた掘って』という時は、スコップで掘るような仕草をする。私は、ついて踊りながら、背の高い黒澤さんの、かがみ加減の背中と、かたちがいい大きな手が動くのを見ていた」（前掲『世界の映画作家3・黒澤明編』）

『羅生門』以降、黒澤組の人となった野上は、ロケの車座の宴会の常連となる。

「ロケーションに出ると、黒澤さんは毎晩メインスタッフ、俳優たちと共に夕食をする。これは彼にとって必要欠くべからざる時間と場所だった。

夕食会はつねに深夜に及び、黒澤さんが『じゃ、明日はそういうことで頼みます』とお開きを宣言するまで続く。大抵一時か二時である。その間、ほとんど黒澤さんの独演会なのだから、そのエネルギーは驚くばかりだ」（前掲「もう一度天気待ち　監督・黒澤明とともに」以下同）

「『やっぱりこりゃ立ってやらなきゃあ』と、黒澤さんが立ち上がるから仕方がない、まだ酒を飲んでいたい連中は内心ウンザリしても、浴衣の前を合わせながら一同起立する」

黒澤は割り箸を片手に、にわか指揮者になって、厳しい顔で一同を見回す。

「いいかい、一、二、三、はい！」と、割り箸を振り下ろす。

〽聞け聞け鐘の音、空にひびくよぉと一組目が歌いだし、それに重ねて二組目が、それを追いかけて三組目が歌いだす。

「一組から二組へ移る時、ちょっとでも出遅れたりすると、『ダメダメ、ダメッ！』と割り箸を振り回し、『ダメだったら！　なんでそこが遅れるんだッ、俺のサインをちゃんと見てろ！』と、撮影さながらに怒鳴るのである」

どう見ても子供たちの学芸会の域を出ない。いい大人たちが、コンダクター黒澤の指揮で、輪唱している姿は、奇妙であり滑稽である。大人たちはみんな白け、黒澤だけが真剣な表情なのが、どこかおかしい。

天才は、いつまでも幼児性を持ち続ける[22]というが、その典型がここにある。

この宴会好きは、ロケ中だけにとどまらない。撮影所での仕事の節目などに、スタッフを沢山連れて自宅に帰ってくる。

娘・和子の手記にこうある。

「二、三十人ぐらいは平気で連れて帰ってきて、おいしい食事とお酒、楽しい話。これが、有名な黒澤組の宴会である。黒澤組の人々が話し合い、結束を固める場面である。

父は自慢そうに、『今日はいい肉が入ってね』と、毎日よく働いてくれるスタッフに、ニコニコ笑って振る舞うのである。口上を述べては、旨いから食え食えと御馳走するのが、父の大きな楽しみの一つであった」（前掲「回想　黒澤明」）

この宴会を受けて立つ喜代夫人は大変である。そのための準備に、朝から魚河岸《うおがし》へ行ったり、懇意の肉屋を回ったり、和子は、この母を「ゴッドマザー」と呼んでいる。夫人へのインタビュー記事がある。

「やがて夕方、ドヤドヤと帰ってきたスタッフは、打ち合わせをしながら食事をします。その長い食事のお給仕を終え、さてお風呂にはいる、という段になって『あっ、きょうは何も食べていないんだっけ』と気づくこともしばしばでした。主人が監督として得た収入は、ほとんどこうして食費に費やされましたが、『お金を残すよりも、いい作品を残す』という主人の主義は、そのまま私の気持ちでもあったのです」（「連載・女性の幸福21　やさしさに支えられて　黒澤喜代」女性セブン一九七一年六月十六日号）

黒澤に独酌は似合わない、と先に書いたが、晩年の黒澤は、御殿場の別荘へ最も気心の知れた友人・本多猪四郎監督を連れて、共同生活を楽しんだ。助監督時代からの親友だから、話のネタは尽きない。こうして毎夜二人の酒宴は、深夜に及んだ。

晩年の『夢』『八月の狂詩曲』、遺作の『まあだだよ』などの作品は、二人の酒宴から生まれた作品といっていい。

黒澤が生涯楽しんだ酒宴、それは名作を生むメカニズムの重要なエネルギー源であり、きわめて生産的な宴会であったと言える。

床の間に並んだ酒の空き瓶

そんな黒澤も、助監督時代は甘党だった。P・C・L（東宝の前身）時代、『戦国群盗伝』（脚本・山中貞雄）御殿場ロケに行った時のこと。

「お酒はまだ飲んだことが無く、ロケから帰ると、宿屋の女中さんがお茶と一緒に出すお饅頭を、滝沢（英輔監督）さんの分とチーフ助監督の分を貰い、私の分を入れて合計六つ、毎日食べていたのだから、全く可愛らしい話である」（前掲『蝦蟇の油』）

その七年後、処女作『姿三四郎』のロケ・ハンティングで同じ宿に泊まった折りのこと。晩飯の時にスタッフと、「酒をガブガブ飲んでいた」（同前）。その黒澤の変わりように、その女中さんは、驚いていたという。七年の歳月は、黒澤を酒豪に変えていた。

「前の晩にウイスキーをがぶ飲みする、てな時が一番作品も好調なんじゃないの？『羅生門』の時、僕はそうだった。そういう調子、やっぱりどこかに出てたのじゃないかな」（前掲「黒澤明大いに語る」）

『羅生門』の撮影は、昭和二十五年（一九五〇年）の初夏に行われた。黒澤四十歳、十歳違いの三船は三十歳だった。

「私も若く、もっと若い俳優たちは精力を持て余していたから、全く奔放極まる仕事振りだった」（前掲『蝦蟇の油』）

撮影の中心は、長岡にある光明寺の裏山の山林だった。ここが武士の殺された現場であり、多襄丸や真砂や武士の葛藤の現場になった。

「みんな午後になると、一滴も水を飲まずに頑張って、仕事が終わって宿へ帰る途中、四条河原町のビヤホールで一息に生ビールを大ジョッキで四杯ずつ位飲んだ。しかし、夕食は酒抜きで食べて、一旦解散し、十時に改めて集合図がかかり、それからウイスキーをがぶがぶ飲むのである」（同前）

黒澤も俳優たちも酒豪ぞろいで、競って飲んだ。千秋実の証言がある。

「『あまり飲めません』の僕もおかげで腕を上げ、『羅生門』の頃には酒豪の仲間入りをした。大映京都で仕事をしたので旅館に泊まっていたが、毎晩外で飲んで更に宿で飲む。いつも黒澤さん、三船君、僕とあと一人か二人だ。部屋の床の間に飲んだウイスキーの空きびんを並べたら六十何本かで、床の間が満員になった。

飲むだけではない。食べる方も凄かった。旅館の食事は隅に積み重ね、部屋で焼き肉だ。ニンニクたっぷり、山賊焼きと称してジャンジャン焼く。（中略）夜中まで飲んでも元気一ぱい、翌朝は皆シャキッとして早くから撮影だ」（「豪快にして繊細な黒澤明」鳩よ！一九八八年十二月号　マガジンハウス）

黒澤は大のウイスキー党である。

「銘柄はホワイトホース一辺倒だった。一時期、カティサークがさっぱりしていると気に入ったが、いつの間にかホワイトホースに戻り、晩年はロイヤルハウスホールドが美味しいと浮気していた。

最晩年はふたたびホワイトホースで締めくくった」(『黒澤明の食卓』黒澤和子　小学館　以下同)と、娘の和子は記している。

『乱』の九州ロケのころは、焼酎にはまった。『デルス・ウザーラ』のシベリアロケのころは、ロシア人に負けないほどウオッカを飲んだ。郷に入りては郷に従えで、土地の酒を愛飲した。

「ウイスキーの飲み方は、ほとんどミネラルウオーターを使った水割り、氷少な目。飲み過ぎるので、私(和子)が気を利かして、薄く作ると怒る」

テーブルにウイスキーをこぼすと、指に付けて舐めるぐらいの呑ん兵衛である。

「八十を過ぎても興に乗れば、一本の八分目は飲んだ。最晩年でも一日水割り三杯、息を引き取る前日まで映画界だけでなく、ウイスキー業界に表彰してもらいたいほどの飲みっぷりでありました」

病床にあってもウイスキーを手放すことはなかったという。

仕事から離れると家では独酌になるが、本来陽気な酒で、人と交《まじ》わって飲む酒を好んだ。

「本当の酒飲みは、カウンターの端で一人ちびりちびりと味わいながら、話しかけられるのを拒絶して、自分だけの空間を楽しんでいる。僕の酒は違う。みんなと騒いで食べて、飲みながら話をしているのが楽しいんだ」

これだけ酒を飲んでも、黒澤は体調を崩さなかったのは、大食漢であったのが幸いしたようだ。

「ばくばく食べながら飲んだからだと思う。おつまみなどとかわいらしい量をつまむのではなく、食べながら飲む」

ふだん、黒澤の生活は完全に夜型である。昼頃、床をはなれる。テレビを観るのは、スポーツが中心である。野球、相撲、ゴルフ、アメリカンフットボール……。

夕食の後から、黒澤は本格的にウイスキーを飲みだす習性がある。最初はつまみ程度でいいが、夜中になると夜食を要求する。家族相手でも様々な話題を喋れば尽きることが無い。特に映画の話や食べ物の話になると相好を崩し、膝を乗り出し、目をキラキラと輝かせ始めるという。

「分厚い右手にウイスキーグラスが握られると、話があふれて来るのだ」

そして、喋ればおなかが空く。

「夜食は脳味噌の栄養になる、父はそう決めていた。必ず台所に這いこんで、夜食を物色する」

夜食の常連はダグウッドサンドや揚げおにぎり、チャーハン、ベーコンサンドなどである。特に、お気に入りのダグウッドサンドは、パンとパンの間に、いろいろなハムやソーセージやコンビーフなどを挟んで、十五センチを上回る厚みになる。

「夜食を食べたからと言って、晩酌が止むわけではなく、またぞろウイスキーの瓶に手が伸びる」

まさに酒はエンドレスである。

「父いわく、ウイスキーグラス片手にサンドイッチにかぶりつくのは、なんともいい気分だそうです。ウイスキーとサンドイッチ、本当によく似合います」

黒澤が、ロケやシナリオを書くため、家族の目の届かないロケ地や別荘に出かけたりする時は、酒の飲み過ぎを注意した。

京都へシナリオを書きに行く時も、『デルス・ウザーラ』の撮影の時も、家族は、本人へはもちろん、一緒のスタッフにも「飲み過ぎないように」との言葉を何度も繰り返し、自重を促した。

晩年、御殿場の別荘へは本多猪四郎とよく一緒に出掛けたが、喜代夫人は滞在日数に合わせて一日一ボトル、一週間なら七本と決めて送り出した。

ところが馬耳東風、本人は家族の心配など全く無視し、飲みたいだけ飲んだ。

『デルス・ウザーラ』では、過酷な自然、ソ連側スタッフとの軋轢、撮影機器などの不備でストレスがたまり、その解放のためについ深酒になる。

彼は強いウオッカを、ロシア人以上に飲んだ。

『黒澤明　樹海の迷宮』（小学館）の中で、そのあたりの様子が詳細に記されている。
「1974年11月5日
（一時帰国していたプロデューサーの松江【陽一】から電話が入り、黒澤が出る）
黒澤が電話を替わり「昨日、女房から手紙が来たが、おれがこっちで酒ばかり飲んでいるんで心配だと書かれていた。だれがそんなことを家に話してるんだ⁉」と、松江に当たった。
11月11日
近頃の黒澤の酒量は、ウオッカを一日一瓶以上空けるほどになっている。東京の留守宅だけでなく、現地の日本人スタッフも黒澤の体調を心配している。そこで野上（照代）と箕《み》島《の》（紀男監督助手）が相談して、黒澤が酒を飲みたいと言ったときにはボトルの三分の一ぐらいのウオッカを捨て、代わりに水で薄めて持っていくことにする。
12月10日
朝、野上が黒澤を起こしに行くが、二日酔いで頭痛がして起きられないと言う。
12月19日

黒澤は昨晩コニャックを一本飲み干したらしく、昼になっても酔っている。

1975年1月5日
黒澤が「具合が悪いので、出発を遅らせたい」と言う。二日酔いが原因らしい。」

シベリア・ロケの最終日の一月十四日、黒澤は、「今まで撮りたいと思った画は、一つもとれちゃいないよ！」とコンテを破り捨て、「何だ、こんなもの！」とお粥の器を乱暴に野上に投げつけた。

こうしたご乱行は、頻度を増していった。

しかし、出来上がった『デルス・ウザーラ』は、撮影の日々の苦渋、難航などを一切感じさせない美しい物語に昇華していた。ここに黒澤明の創造の秘密が隠されている。

酒は、彼にとって創造への援軍であった。

「黒澤さんは酒飲みだ、美食家だなんていわれるけど、僕なんて本当の酒飲みじゃないよ。ただ、楽しくなりたくて、みんなでワイワイやりたいから、酒を飲んでいるだけでね。酒の味がわかるわけじゃないんだ。食べ物だって、映画の現場を走り回って腹が減るから、たくさん食べるし、一日中根詰めて頑張ってるから、旨いものでも食わせろ、そんなもんでね。世間でいうグルメみたいに、繊細な味がわかるわけじゃないよ」（前掲『回想　黒澤明』）

さすがに黒澤も不死身ではなく加齢による成人病は避けて通れない。しかし、医者嫌いであった。

「お医者の忠告は、頑なに聞き入れない。一度病院で検査でもと言えば、口を利かなくなる」（『パパ、黒澤明』黒澤和子　文藝春秋）

黒澤の主治医は、こう告げた。

「この年齢にしては、体力はあるが、数値的には幾分か問題も出ているし、脳の持病もある。とりわけ飲酒と高カロリーの食生活が最もいけない」（同前）

娘の和子は主治医の忠告を父に伝えたが、それも無視。

晩年は、京都の老舗旅館『石原』を常宿にシナリオを書いていたが、昼間、集中的に書き、夜は、食事の後の酒に時間を費やした。宿の主人夫妻が、ご相伴に招かれた時などは、さまざまな話題で黒澤の独演会となり、ウイスキーの酒量もあがる。「あと、もう一杯」が延々と続き、深夜になってもなかなか腰を上げない、と夫妻は回顧していた。

『まあだだよ』の次回作として、『雨あがる』をこの旅館で執筆。黒澤はベッドから降りる時、弱った足に体重がかかり襖ごと倒れ、それが死の病になった。それから三年半、ベッドと車椅子の生活になったが、その間もウイスキーだけは手放さなかった。前述のように、最晩年も「一日水割り三杯」のノルマを楽しみ、死の前日までウイスキーを愛したという。

無類の肉好き

酒豪かつ健啖家の黒澤は、肉に関するエピソードも枚挙に遑《いとま》がない。

『黒澤明の食卓』を著した娘の和子は、まえがきで次のように書いている。

「世の中のすべてを、貪欲に、吸収しようとする父は、食に対しても貪欲な食いしん坊の大食漢であった。映画の現場ではむろん映画監督だが、食卓の監督も父である。

遣《や》る気を起こさせる美味しい食卓。元気の元は食べかつ飲む事、黒澤映画の源のパワーは食卓から始まっていた」

黒澤家の食卓の首座を占めるのはもちろん黒澤監督。並べられる料理はすべて彼の好みが支配する。彼が喜び、美味しいと言って機嫌よく食べてくれるものに、喜代夫人は心血を注いだ。

「父が映画の仕事に集中できるようにと、母は映画以外のすべてを背負いこんで、縁の下の力持ちに徹した。そのなかで、一番力を入れたのが、食事であった。

美味しいものを出しておけば、いい仕事をしてくれる。現場に行っても機嫌がよく、スタッフも助かる。『美味しいものは、心も、体も、やる気も養うものです』これが母の教えであった」（前掲『回想 黒澤明』）

夫人は日本映画界のリーダーであり、映画にすべてを賭けている夫を支えることに徹した。

「父をカッカとさせず、いい気分のまま、現場に送り込む。楽しく良い映画を撮ってもらうためにはどうすべきか、これが我が家のテーマである」（前掲『パパ、黒澤明』）

これも、母の身近にいて料理の手伝いをした和子の証言である。

黒澤が最も喜ぶ料理の中心は、牛肉料理で、主にステーキやオイル焼き、すき焼きである。

「父といえば牛肉、黒澤の家に行けば、美味しい牛肉が食べられると、海外の映画関係者にまで知れ渡るようになった。もちろん、父は大の牛肉好きであったが、要するに脂っこいもの好きなのである」（前掲『回想　黒澤明』）

夫人は、夫が肉好きと分かると猛勉強し、たちまち肉に関して自家薬籠中《じかやくろうちゅう》の物にした。

「母は父に、より美味しい牛肉を食べさせるため研究を重ねた。母に連れられて出かけると、何軒の肉屋を連れ回されたことか。最終的には、研究熱心な肉屋の店員さんと昵懇《じっこん》になり、書物をひもとき肉屋さんに説明しては、持って来させた」（前掲『黒澤明の食卓』）
　その店員もひどく研究熱心で真面目な人だったので、夫人はわざわざ店に行かなくても望みどおりの肉が届けられるようになった。
「勝手口で、竹の皮に包まれた肉を、その店員さんと覗き込み、ひっくり返して、一番下の肉まで点検。『今日のは合格』とやっていた」（同前）
　ところがその店員は、すっかり肉に自信をつけ、遠隔地で独立してしまった。
この店員に合わせるかのように黒澤家も、長年住み慣れた狛江から、世田谷区松原の方へ転居した。ある日、その新居へ馴染みの店員が挨拶にやってきた。偶然、そのとき黒澤が応対した。
「その人はね、喜代子《ママ》がよく牛肉の事を教えてた肉屋の坊やでね。喜代子にいろいろ教えてもらったおかげで、独立できて成功して、あの時の教えがいまも役に立ってますって、そりゃ感激してね。僕は知らなかったんで、実にびっくりしたよ」（同前）
　と、夫人の死後、黒澤が和子に語ったという。
　この狛江時代の昭和四十年代、黒澤家では牛肉を月に百万円も費やしていた。
「月百万を超える肉屋の支払いを、『これは交際費じゃないか』と税務署に掛け合うと、『そんなに肉を食うはずはない』と反論されて、『じゃあ、一度遊びに来なさいよ。あなたが食べたことがないような美味しい肉を食べさせてあげるから』と、啖呵を切って帰ってきた」（前掲『パパ、黒澤明』）
　ゴッドマザー喜代夫人らしいエピソードである。
　さて、ステーキは肉そのものを美味しく食べさせる料理なので、せっかくの肉のうまみを逃さないように強火で表面を焼き、火を弱め、余りひっくり返さずに、中心まで熱を通しピンク色に焼く。

味は塩コショウを強めにして、本来の味を楽しむため醤油を少々かける。「マギーシーズニングで、タラゴンバターをのせるなどいたってシンプル」（前掲『黒澤明の食卓』）、それだけに、肉選びは慎重なうえにも慎重であったという。

付け合わせは最初の頃には、ニンジンのグラッセ、マッシュポテト、莢隠元《さやいんげん》を添えたが、最終的にはクレソンで落ち着いたという。


前述のように撮影がうまくいった日とか仕事の節目のような時に、スタッフを何十人も引き連れて帰ってきて、黒澤家のとびっきりのステーキを惜しみなく振る舞った。

またロケが長くなった時には、喜代夫人から肉の陣中見舞いが届く。『七人の侍』の伊豆ロケや、『隠し砦の三悪人』の御殿場ロケなどでは、喜代夫人の気遣いはスタッフの士気を高めた。

千秋実の証言がある。

「御殿場の旅館に泊まっている時、黒澤夫人から差し入れの肉が届いた。上等のステーキ用牛肉だ。早速宿でステーキを焼かせた。

出来てきたのを一口食べると黒澤さんは、『何だこれは、甘ったるい佃煮みたいにしやがって、板前呼べっ』と怒り出した。僕は変なステーキだとは思ったが、肉が上等なので結構うまく食べてしまった。板前が来て、言い訳をする。そのころ、御殿場にはアメリカ軍が駐留していた。『アメリカさんもこういうステーキを美味しいと言って喜んで食べます』。これが黒澤の怒りの火に油を注いだ。

『アメリカの百姓にステーキが分かるか！』

激怒した黒澤は、『みんな荷物をまとめろ、旅館を変わる！』と宣言。僕らはバタバタと引っ越しの準備、ロケマネは旅館探しや交渉でもっとバタバタ、結局、夜道を荷物抱えて引っ越した」（前掲「豪快にして繊細な黒澤明」）

この執念には脱帽である。

晩年も黒澤の食いしん坊に変わりはなかった。彼の主治医は、「とりわけ飲酒と高カロリーの食生活がもっともいけない」（前掲『パパ、黒澤明』）と厳命したが、彼は「お医者様の忠告は、頑なに聞き入れない」（同前）と頑《かたく》なな態度に、和子は諦めている。

黒澤家での食事会に参加した作曲家の池辺晋一郎の目撃談がある。（著者インタビュー）

「機嫌よくステーキを食べていた黒澤が、『もう一枚』と、さらに注文した。とたんに息子の久雄が『もうダメ！』と、きつく制止した。それまでにかなり食べていた。『心配するんだよ』」

息子の諫めに残念そうに諦めたという。

シナリオ執筆のための京都のなじみの旅館『石原』では、旅に出れば占めたものと、文句を言う家族から解放されたことから、食べたい物を食べていた。

『石原』では、牛肉のオイル焼きやすき焼きが中心になるが、時折、近くにあるスッポン料理店も楽しんだという。

また、京都からタクシーで二時間半もかけて、伊賀の老舗『金谷』まで出かけ、松阪牛を堪能した。牛肉のバター焼きで、四人前の六百グラムを平らげた。恐るべき食欲である。医者の忠告など完全に無視、旨いものを存分に味わった。

彼が作詞した『隠し砦の三悪人』の火祭りの歌――

〽思い思えば闇の夜や
　浮世は夢よただ狂え！

旨いものに燃やす執念には、どこか誇り高きニヒリズムを感じさせる。黒澤映画のあの激しい葛藤とそのダイナミズムは、観客の感情を圧倒する。そのエネルギー源は、大食漢・黒澤を支えるステーキとも言える。

太っ腹のゴッドマザー黒澤夫人

「母喜代も、黒澤ファミリーの太っ腹のゴッドマザーであった」（前掲『パパ、黒澤明』）

黒澤は一八二センチ、明治生まれの男としてはかなりの長身であるが、夫人は一五〇センチに満たない女性の中でも小柄なほうである。

しかし、夫に勝るとも劣らない度胸の持ち主。気難しい夫を巧みに操縦する器量があり、娘の和子の目からは「太っ腹のゴッドマザー」に映った。

こんなエピソードを、和子は紹介している。

「父が撮影所に行く時、酷《ひど》い車で迎えに来たからと、すぐヤナセ（外車専門店）に電話を掛けた。『すぐベンツを一台もってくるよう。お金は用意しておきます』。それから『パパを一体何だと思っているんだろう。今までこんなに日本映画のために働いてきたのに』と、ぷりぷりしている。そして『黒澤に恥をかかせないで下さい。車はこちらで用意しましたから』と、映画会社の人を叱りつけていた」（同前）

小柄な体のどこに、こんな胆力が潜んでいたのか。日本映画界のリーダーの夫を守るのは自分だという自負がそうさせたのか……。まさにゴッドマザーである。

世の夫婦には、亭主関白型、良妻賢母型夫婦とあるが、両方とも度胸が据わった夫婦というのも珍しい。

黒澤と喜代夫人との出会いは、映画『一番美しく』（一九四四年）である。監督と主演女優という関係だった。夫人の芸名は矢口陽子で、女子挺身隊の隊長の役だった。

「後日、私と結婚することになるが、当時はよく、女優たちの代表として、私に食いついてきた。全く強情で頑固な奴で、私も同様だから、よく正面衝突をして、その度に入江（たか子）さんが中に入って、丸くおさめるために骨を折ってくれた」（前掲『蝦蟇の油』）

当時から、気の強い二人だったことがよくわかる。あまりストレスを溜めこまないで、ストレートに言い合う仲だったようだ。

映画は、戦時下の人達に強い感銘を与えた。彼も「小品ではあるが、私の一番かわいい作品である」（同前）と、記している。

終戦の少し前、敗色濃い昭和二十年（一九四五年）五月に黒澤と喜代さんは結婚した。両親を秋田に疎開させ、日常生活に苦労している彼を見かねて、製作部長の森田信義が、「今の世の中に一人っきりでいて、いいわけがないじゃないか」（前掲「全自作を語る」）と、結婚を勧めた。その相手が矢口陽子だった。
「喧嘩ばかりしていた仲だから、少し手強（てごわ）過ぎる、と私がいうと、森田さんは、君にはそれ位な人がちょうどいい、といってニヤニヤしている」（同前）
こうして山本嘉次郎監督が仲人で、明治神宮の結婚式場で式を挙げたが、式の最中に空襲警戒警報のサイレンが鳴ったという。

喜代夫人の父は、日本郵船のエリートパーサー（事務長）で、乳母日傘《おんばひがさ》のおてんば娘として育ち、嫁いできたころは、ご飯ひとつ炊けなかった。ところが、結婚すると、女優をきっぱり廃業し主婦業に専念した。
「黒澤明に負けないぞと、料理の本をどっさり買い込んできてはチャレンジし、そのうち料理の達人になってしまった」（前掲『パパ、黒澤明』）
近年、熱血的で格好いい女性を総称して「男前女子」という言い方をするが、まさに「男前」的存在だった。
喜代夫人が夫のために考案した肉料理は、「オイル焼き」と呼ばれ、以来、黒澤の大好物になった。
「食事のコンロに鉄板をのせ、ゲッツオイルで、ヒレかサーロインの五ミリぐらいの厚さの肉を焼き、ニンニクと田舎味噌を炒めた調理料を肉に付けてサニーレタスかキャベツに巻いて食べる」（同前）
生野菜をあまり食べない夫のために考え出した料理だった。
こうして、夫人の料理が自慢の黒澤は、スタッフを呼ぶようになり、やがてそれが恒常化して、時には二、三十人を連れてきた。

普通の主婦なら愚痴をこぼすところだが、「男前」の喜代夫人は、それを受けて立った。夫の映画づくりのためとあれば、俄然奮い立った。

「母は良い素材を手に入れるため、また安上がりだからと、朝から魚河岸《うおがし》へ走ったり、そこここのお肉屋さんを巡ったりしていたが、黒澤映画を支えているという自負があるのだろう」（前掲『回想黒澤明』）

夫人は、昼過ぎには河岸から帰宅。休む間もなく夜の宴会の支度が始まる。お手伝いや親戚の助っ人もいたが、彼女の独り舞台となる。

「父の世話や、来客に忙殺される母に、少なからず寂しさを覚えていた私は、いつも料理をし、段取りや指図を与える母の側にいたのを覚えている」（前掲『黒澤明の食卓』）

娘の和子は、母に甘えられない寂しさを覚えながら、その奮闘ぶりを眺めていたのである。

黒澤は共同執筆でシナリオを書いたが、たいてい熱海や伊豆の旅館を使った。一ヵ月余の男だけの息詰まる日々を過ごして、シナリオは完成する。他のライターたちは、解放されるや、直ちに帰宅するが、黒澤は一人居残って家族を呼ぶ。

これが彼の家族サービスであると同時に、これから始まる長く苦しい撮影のための英気を養う機会でもある。

そのためには家族団欒が、彼にとって最大のエネルギー蓄積だった。彼の偉業の膨大なエネルギー源は、喜代夫人と家族であった。

黒澤は家族愛の人であるが、ロケ中は、家族からの電話を禁じている。
「ロケ先はもとより、東京の撮影所にさえ、何があっても、決して電話をかけてはいけない。大変な心配性の父であるから、電話に出た瞬間に、何かあったのかとショックを受けるし、人伝に聞いたらなおのこと、心配をしてしまう。また、家族、特に子供の声を聞いたら里心がついてしまい、映画に集中できなくなる、という理由からである」（前掲『回想 黒澤明』）
その反動からか、家族といると、
「一日中、『喜代子、喜代子』と連呼する（母の喜代のことを、なぜか子を付けて読んでいた）」（同前）
こんなこともあった。『赤ひげ』は、徹してこだわり仕事を進めたため、出来上がるまでに三年の歳月がかかった。その間、気分が乗らないと、ずる休みを決め込んだ。
「大変な仕事が続くとグズグズ言い出した。『風邪をひいたのかな。明日は駄目かな』と言い出すと、母は滋養になるものを出し、あれこれ栄養剤を飲ませ、肩を揉み、目を冷やし、睡眠剤を飲ませて寝かせてしまう。
翌日になってグズグズ言ってると、母は父の前に仁王立ちになって、
『いったい何人の人が、あなたが来るのを待っていると思ってるんですか。ちょっと疲れが溜まっているだけです。行ってください』
と、毅然とした態度で言う。その方法でうまく行く時も、駄目な時もあったが、一日に巨額の資金が動く映画という仕事だけに、母も責任を感じていたのであろう」（同前）
どこか母親が子供をたしなめているような光景だが、これも巨匠の一面である。

『羅生門』以降、黒澤組という固定したスタッフができた頃について、喜代夫人は次のように回想している。

「わが家は、いよいよあぶらののりきった黒澤組——主人とカメラ、照明、美術、録音などのスタッフのチーム——の根城となり、私もいやおうなしにその縁の下の力持ちを務めることになりました」（前掲「女性の幸福21」女性セブン）

毎朝、彼女は十個の弁当を持たせて夫を送る。すると直ちに狛江の自宅から新宿まで買い出しに出かける。食べ盛りの大の男たちの夕食を賄うためである。

「両手にかかえきれるだけかかえて、帰ってくるのはもうお昼過ぎです。そして夕食に間に合うよう、三時から支度にかかります」（同前）

そして料理の本と首っぴきで苦戦。

喜代さんは、陰で黒澤組を支え、黒澤映画を支えたのである。

しかし、やがて試練の日々がやってくる。『赤ひげ』以降、ハリウッド進出に失敗し、黒澤夫妻にとって暗い日々が続いた。特に『トラ・トラ・トラ！』事件は、衝撃的だった。クランクインはしたものの、トラブル続きで撮影は遅々として進まず、ついに監督解任という最悪の事態が起こってしまった。

日本はもちろん、いまや世界的にも名のとどろいた黒澤監督の解任劇は、マスコミの格好の標的となった。

ＦＯＸ側の一方的な解任に対して、黒澤は、撮影続行を主張したが、それは不可能だった。初めて経験した屈辱的な処遇に耐えられなかった黒澤は、急遽、喜代夫人を東映撮影所のある京都に呼び寄せた。彼は関係者との折衝に疲れ、荒れていた。こんな時、気丈な夫人に側にいてほしかったのである。刀折れ矢尽きた黒澤を慰めるために、夫人はまだ中学生だった娘の和子を連れ、駆け付けた。

黒澤と家族は、報道陣の目をくらますため、日々、ホテルや旅館を転々とした。和子は母から「報道陣に見つかる前に宿を変えなければならないから、ともかく大至急で荷造りをしなさい」（前掲『パパ、黒澤明』以下同）と、言われたという。

この難局を耐え抜いた黒澤は、日本映画再生のために気心の知れた四人の監督（黒澤明、木下恵介、市川崑、小林正樹）を集めて「四騎《よんき》の会」を立ち上げた。そして、『どですかでん』で再起を期すが、不評で、「四騎の会」も自然消滅することになる。これについては6章で詳しく触れたい。

そんな折、『羅生門』で世界的評価を得た大映が倒産。日本映画界に暗雲が立ち込める。こうした負の要因が黒澤の心を蝕んでいったのか、その年末に黒澤は自殺未遂を起こす。

「母はショックで床に伏してしまった」

さすがの気丈な夫人も、最愛の夫の不慮の事件には、ショックを隠しきれなかった。その母に代わってマスコミ対応にあたったのが、娘・和子だった。和子はこの時、まだ十七歳だった。彼女はゴッドマザーの血を受け継いでいたのである。幸い黒澤の方は、首のあたりに深いカミソリ傷は残ったが、大事には至らなかった。

「父が元気だったので、この騒ぎをいつもの宴会や年中行事の続きのようにさえ受け取って、私（和子）は意外とあっけらかんとして元気だった」

こうして、黒澤を支え続けた喜代夫人は、黒澤がライフワークとして取り組んだ『乱』の撮影中に、亡くなった。

検査入院の時に母を見舞った和子は、主治医から、不治の病であと四カ月しか生きられないと告げられていた。

父にそれを伝えなければならない。意を決した彼女は、撮影中の父を訪ねて、母の病状を告げた。そのとき黒澤は、「ああそうか」と顔色ひとつ変えなかった。彼女は撮影中でよかったと思った。なぜなら撮影中は「なにもかも忘れていられる父」だから。

年が変わった翌昭和六十年（一九八五年）二月一日、喜代夫人は順天堂大学で肝不全のため亡くなった。

撮影現場から駆け付けた黒澤は、

「葬式らしくない葬式にしろ」

と息子の久雄と娘・和子に頼んで、現場に戻った。

二月二日、世田谷区成城の黒澤家で告別式が行われた。

「母の好きだったピンクの花を山ほど飾って、ブロード・サイド・フォーのフォークソングで、賑やかに送った。父は速やかに、映画の現場に帰っていった」

こうして黒澤を支えた、あまりにも大きな愛する同志が消えた。

黒澤は御殿場の別荘の暖炉の上に、いつも喜代夫人の小さな肖像写真を飾っていた。人に問われると、「いや、ずいぶん世話を掛けたからね」。（ドキュメント『夢』大林宣彦インタビュー）

《参考資料》

㉒天才は、いつまでも幼児性を持ち続ける：作家オルダス・ハクスリーの言葉。「天才の秘密は、子どもの魂を大人になっても持ち続けるということで、それは決して情熱を失わないことを意味する」

第5章

孤高の人・黒澤明が
心を開いた忘れ得ぬ人々

映画関係者が集うパーティーで。右から早坂文雄、黒澤明、橋本忍、森岩雄、三船敏郎
提供・著者

三人の恩人——立川精治先生、兄・丙午、山本嘉次郎監督

後に開花する巨大な歯車は、幼児の頃は微動だにしなかった。

『忘れられた子等』（稲垣浩監督）という知的障害児を題材にした映画を観た時のこと。授業中に一人離れた机で勝手なことをしている子供に、自分と同じ姿を見た黒澤は、貧血を起こしそうになったと、自伝『蝦蟇の油』に書いている。

小学校へ入った頃、担任の先生からは、「これは黒澤君には、とても無理だが」と、知力の劣っている子供として扱われた。

また、泣き虫だった。いじめられてよく泣き、金平糖《コンペト》さんという綽名をつけられた。「金平糖さんという仇《ママ》名の由来は、当時次のような唄があったからだ」（前掲『蝦蟇の油』以下同）

〽うちの金平糖さんは困ります
いつも涙をポーロポロポロ

しかし、この屈辱的な子供時代は、長くは続かなかった。黒澤の未知なる可能性を見いだした陰の力があったのである。

黒澤の才能を引き出した立川精治先生

小学校二年の半ばに担任が代わった。先生の名は立川精治。斬新な教育方針で、みんなより遅れ

ていじけていた劣等生・黒澤を気にとめてくれた。

例えば、図画の時間。これまでは、手本があって、それを忠実にまねると最高点を貰えたが、立川先生は好きなものを自由に描けと指導した。

黒澤は何を描いたか覚えていないが、色鉛筆が折れるほど夢中で、力を入れて描いた。さらに、描いた色の上につばきをつけてこすって、独自の世界を絵にした。手は色鉛筆の色で染まっていた。

先生は、みんなの絵を黒板に一枚一枚貼って、生徒たちに自由に感想を言わせた。黒澤の絵が貼られた時、教室内から笑いが起こった。

「立川先生は、笑うみんなを怖い顔で見回して、なんだか盛んに私の画《え》を褒めてくれた」

そして赤インキで三重丸を書いてくれた。

おかげで絵を描くのが好きになり、絵もうまくなった。同時に、他の学科成績も急速に伸び始めた。

やがて黒澤は級長になった。胸には級長のシンボルである紫のリボンのついた金色の徽章が輝いていた。

「自由で新鮮な感覚と、創造的な意欲で教育というものに取り組まれた、立川先生のような人に巡り合えた事は、私にとって無上の幸せだったといわねばなるまい」

この立川先生の思い出には、後日譚がある。黒澤が級長の時、副級長は植草圭之助だった。二人とも立川先生には可愛がられ、先生が学校を去ってからも、よく遊びに行った。

『素晴らしき日曜日』は、二人の共同脚本である。立川先生のもとで学んでから約二十五年が経過していた。黒澤のところに一通の葉書が届いた。

「映画『素晴らしき日曜日』が終わって、映画館の中が明るくなった。客がみんな立ち上がった。しかし、立ち上がらずに泣いている老人が一人いる――」

黒澤は読み進んで、思わず大きな声を出しそうになった。この泣いている老人は、立川先生なのだ。葉書には続けて次のように書かれていた。

「私は、タイトルの脚本・植草圭之助、監督・黒澤明、という字を読んだ時から、スクリーンがぼやけて、よく見えなくなった」

黒澤はすぐ、植草に連絡。立川先生を東宝の寮に招待した。すき焼きをご馳走したが、悲しいことに、先生は随分小さくなって、歯も弱くなっていた。柔らかいものを用意しようとしたが、先生は言った。

「ご馳走は、君たち二人の顔を見るだけで充分だ」

黒澤は、その、先生を見つめているうちに、その先生の顔がぼやけてよく見えなくなってしまったと回顧している。

黒澤は遺作『まあだだよ』を作った時、多分に立川先生への思いがそこに込められていたのではないだろうか。

反面教師の兄・丙午

黒澤は品川区で生まれ、森村学園尋常小学校へ入学したが、父が要職を務めた日本体育会を辞すると同時に、文京区の小石川に転居、黒田尋常小学校に転校した。大正七年（一九一八年）、黒澤は二年生で八歳だった。

「私と同時に黒田へ転向した兄が、学校中をその秀才ぶりで圧倒し、その威風で私をバック・アップしてくれなかったら、この金平糖はもっと泣かされたに違いない」

兄は学校の行きかえりに、「お前は、卑怯未練な、女のくさったような奴だ」と、徹底的に罵倒し、弟の反抗心、自立心の萌《きざし》を待った。

父の勧めで、荒川の水練場で水泳を始めた黒澤は水を怖がった。そこで兄は、荒療治で弟を特訓した。こわごわと泳ぐ弟に、兄はボートを漕いで近づき、引っ張り上げて乗せた。そして、安心した弟を、「いきなり私を水の中へ突き落した」。黒澤は、無我夢中で水をかき回し、必死に浮こうとしたが、兄は、どんどんボートで遠ざける。

「水の底へ沈みかけた時、ふんどしを摑んだ兄に私はボートへ引っ張り上げられた」

それをきっかけで、黒澤は水が怖くなくなり、泳げるようになり、泳ぐのが好きになった。弟を強くさせるための愛の鞭だったが、どこか粗暴である。

黒澤は、関東大震災（大正十二年）の惨状を、兄に連れ回されて見ている。隅田川は死骸に埋め尽くされていた。あまりの光景に、彼はへなへなと倒れそうになった。

「兄は、その私の襟を摑んで、しゃんと立たせて繰り返した。

『よく見るんだ、明』

私は仕方なく、歯を食いしばって、見た」

恐怖に満ちた遠足の後、兄は言った。

「怖いものに眼をつぶるから怖いんだ。よく見れば、怖いものなんかあるものか」

たった四つ年上の兄だったが、やや荒っぽい兄の特訓で、黒澤は自立心を培った。

前述のようにこの兄が、当時の名門校府立一中（現・日比谷高校）の入学試験に失敗した。東京市の学力試験で一位にもなった秀才中の秀才だった兄の蹉跌《さてつ》は、黒澤家にとって悪夢のような出来事だった。この時を境に、兄は急激に変わる。成城中学に入るが、学業は投げやりで、好きな外国文学に傾倒し、父との衝突が激しくなる。

兄は、挙げ句の果てに勘当され、当時の活動写真と言われた映画の世界にのめり込んでいく。「黒澤遥村」の名で映画評論をしていたが、ついに「須田貞明」という異名で、新進気鋭の弁士として活躍した。

「武蔵野館だのシネマ・パレスあたりに出ていたそうだけれども、外国映画でも文芸ものの説明をやらすとなかなか見事な解釈で、洋画ファンに人気があったらしい。この丙午兄貴は大へんな文学青年だったから、おそらく芸術的な方面に深い理解があったのじゃないかな」（前掲「黒澤明・その作品と顔」）

黒澤は、神楽坂あたりの長屋で、女と暮らしていた兄のところへ、よく遊びに行った。兄は、「よく来た、よく来た」と可愛がってくれ、先にも記したが、弁士のパスを貸してくれ、山の手にあった寄席、講談、映画などをよく観たという。

時には東京唯一の盛り場だった浅草へ一緒に行き、好きな映画を何本も観て歩いた。

「そんなとき兄貴から芸術、文学の話を聞くのも楽しみだった」（同前）

この白皙《はくせき》瘦身、学究肌の兄・丙午の影響もあって、黒澤はロシア文学に傾倒、ドストエフスキー、トルストイ、ツルゲーネフを耽読した。

「ロシア文学に傾倒した兄は、アルツィバーシェフ[23]の『最後の一線』を世界最高の文学だと推奨、何時も手元に置いていた」（前掲『蝦蟇の油』以下同）

明哲な脳に巣食った厭世哲学は、人生のあらゆる努力は空の空だ、墓上の踊りに過ぎない、と説く『最後の一線』のナウーモフという文学上の人物に出会った時、牢固たるものになったのであろう。

その頃、洋画は完全にトーキー時代に入り、洋画専門館は弁士が不要となった。全員馘首《かくしゅ》の方針に対し、弁士たちはストライキに入った。兄はその委員長として苦衷の中にあった。そんなある日、兄の自殺未遂という暗い事件が起こった。争議で負けるのを承知の上で、引き受けた委員長という重責。辛かったに違いない。

そして兄は、「三十になる前に死ぬ」との言葉の通り二十七歳で自殺した。その自殺の三日前、黒澤は兄と会い、ご馳走になっている。

兄と最後の別れをしたのは、新大久保の駅前だった。黒澤は、その車で家へ帰れと言われて、自動車の中にいた。その車が動き出した時、兄は駅の階段から降りてきて車を止めた。

「私は、車を出て、兄と向かい合って云った。『なーに?』、兄は、その私を暫くじっと見て、『なんでもない。もういい』、そう云うと、また階段を上って行った。

その次に見た兄は、血だらけなシーツをかぶった兄だった」

先にも述べたが、後に映画界に入った黒澤は、助監督として、山本嘉次郎監督の『綴り方教室』についた。出演の徳川夢声はかつて有名な弁士で、兄をよく知った仲だった。夢声は、つくづく黒澤を見て言った。

「君は兄さんとそっくりだな。でも、兄さんはネガで君はポジだね」

夢声によると、兄弟は容貌がそっくりだが、兄には顔に暗い翳があるが、弟は顔つきも性格も明るく陽性だという。

「私は、兄というネガ（陰画）があって、そのおかげで私というポジ（陽画）が生まれたのだ、と思っている」

まさに黒澤にとって、兄は反面教師であったのである。

山本嘉次郎から映画の全てを習得

P・C・L入社試験の口頭試問の時だった。

山本と黒澤は、ずいぶん話し込んだ。絵画の話になると、俄然熱を帯びた。山本が黒澤に好きな画家を聞くと、池大雅、俵屋宗達、富岡鉄斎、現代では萬鉄五郎の名をあげ、そのあげた理由が、「実にちゃんとしているんだね。これは下手な常識的な知識じゃない」（前掲「黒澤明・その作品と顔」）と知り、こういう人物を将来のために欲しいと、山本は推薦したという。

もともと画家志望の黒澤は、東京美術大学（現・東京藝術大学）を受験するが失敗している。昭和三年（一九二八年）、京華中学を卒業してから昭和十一年（一九三六年）にP・C・Lに入るまでの八年間、暗く長い彷徨の日々を送っている。京華中学は当時、東大合格率の高い名門の私立学校だった。京華出身者には、作家の石川淳、作曲家の武満徹（『乱』で組む）、写真家・木村伊兵衛、二代目尾上松緑、画家・前田青邨など錚々たるメンバーが顔を揃えている。

さて黒澤は、入社を勝ち取り、最初に助監督として付いた仕事でつまずく。監督と合わなかったことと、創造性のない小間使いのような仕事に落胆したのである。辞める決意をする。そんな時、二人目の監督・山本組に付く。すると、それまでの気持ちが一変した。

「山本組の仕事は楽しかった。私は、絶対、山本組を離れたくなかった。幸せなことに、山さんも私を離さなかった」（前掲『蝦蟇の油』）

山本組にいたのは約四年。そして、異例の速さで監督に昇進した。それには山本門下でのさまざまな体験に与かって力があった。

「山本組の仕事は、一日一日が楽しく充実したものであった。ずけずけ意見も言えるし、それが採用されることが多く、仕事に張り合いがあった」（同前）

山本は非常に助監督を大事にし、演出プランの相談までする。黒澤はその度に真剣に献策《けんさく》する。それが助監督の仕事を面白くさせた。

「俳優にしても、ライトマンにしても、衣装方にしても、キャメラにしても、肝心要のところで演出意図と食い違った場合、とことんまでダメを出して直させてしまうのは、僕よりも助監督である黒澤明のほうだった。僕がまけちまえという気になると、『いけませんよ、山本さん』と逆に叱られたものだよ。しかも作品として出来上がってみると、なるほど黒澤説でやってよかったという事になるので、黒澤というのは若いが見どころのあるやつだという評判が、だんだん撮影所の中に広がっていったね」（前掲「黒澤明・その作品と顔」）

山本は、監督になりたければ、まず、シナリオを書けと黒澤にアドバイスした。助監督という仕事は、超多忙だったが、その寸暇を盗んででシナリオを書いた。

「助監督と言う役目は寝る間もないほど忙しく激しい仕事である。そのわずかな暇をせっせとシナリオを書いたのである。辛い、苦しさを超越して、書かずにはいられないほど、創作力が燃えたぎっていたのだ。黒澤君が、優秀なサラブレットのように、駿足をのばしえた理由はここにあると思う」（「序に変えて　若き映画愛好者へ」『黒沢明シナリオ集―野良犬―』民友社）

助監督は忙しいから、シナリオを書く暇がないというのは怠け者だと彼は言う。

「一日に一枚しか書けなくても、一年かければ、三百六十五枚のシナリオが書ける。私はそう思って、一日に一枚を目標に、徹夜の仕事の時は仕方なかったが、眠る時間のある時は、寝床に入ってからも、二、三枚は書いた。しかし、書こうと思えば、案外、書けるもので、何本か書き上げた」（同前）

先にも述べたように、それらの作品は次々に注目され、映画雑誌に掲載されたり、情報局[24]のシナリオ募集に応募しては入賞して、黒澤はまずシナリオで有名になった。『達磨寺のドイツ人』『静かなり』『雪』などがある。

シナリオが書けるようになると、山本は黒澤に編集をやらせた。

「編集は、映画における画竜点睛の作業だ。撮影したフィルムに命を吹き込む仕事だ。私は、それを知っていたから、山さんに云われる一足先に、編集室へ通っていた」（前掲『蝦蟇の油』）

黒澤は、全自作を自分の手で編集したが、その原点はここにある。

「編集ほど楽しいものはないよ。映画監督といったってやらない人がいるけど、編集をやらなければ監督をやる意味なんかないと思うけどね」（「黒澤は語る」『乱』プレスシート）

山本は助監督に経験を積ませるために、

「あるシーンを途中まで撮って、さっさと帰ってしまうことさえあった」（前掲『蝦蟇の油』）

まさに出し抜けの試験であり、助監督に演出能力を発揮させる絶好の機会を与えた。

『馬』の撮影などは、ロケ地に山本は現れるが、たいてい一泊すると、「頼むよ」と言って、帰ってしまった。こうして、黒澤は監督になる前に、演出の仕事と同時に、スタッフを統率する力が鍛えられた。

山本は、ダビング（映画の最後の仕事で、物音や音楽を入れる総仕上げの仕事）は、特にやかましかった。映画は、映像と音声との掛け算であるという黒澤の持論は、山本のダビングの仕事を通して得たものだった。

ある映画の完成パーティで、黒澤は山本の奥さんから言われた。

「山本は喜んでいましたよ、黒澤君は脚本も描ける、演出をまかせても、編集をさせても、ダビングをやらせても、もう大丈夫」（同前）

黒澤は、感激で胸が熱くなったという。

山本は、助監督をのびのびと育て、映画に大切なものをすべて習得させた。自分の仕事が多少犠牲になっても、任せた。

黒澤が山本から学んだもので一番大きなものは、その生活態度である。

「山さんが僕に一番言ったのはね。いい物を食って、いい音楽を聞け、これが根本だ。悪い、いいの見極めがつかないで、どうして監督がやれるかという事。映画ってのは文学、演劇、音楽、美術、いろんな要素がまじってるから、すべてにわたって適格な判断力がないと駄目なんだ」（前掲「特別インタビュー黒澤明」）

黒澤が世界的な監督になってからは、山本はよくこんなことを言った。

『黒澤君には、酒を飲む事を教えただけである』

そういう山さんに、私は、どう感謝していいか解らない。私は、映画について、映画監督という仕事について、山さんから教わったものは、ここに書き尽くせないほどある。山さんこそ、最良の師であった」（前掲『蝦蟇の油』）

いつも側にいた山本は、人間・黒澤について二つのことに触れている。

一つは晴れがましい所には顔を見せないという奇癖である。キネマ旬報をはじめ数々の映画賞に輝いたが、授賞式には顔を見せないのが通例である。

一度、イギリスのロンドンのナショナルシアターの柿落《こけら》としに、世界の五大監督の一人としてエリザベス女王から招待された。

「しかし……人々は、なんとなく、黒澤君は行かないであろうと、漠然と感じていた。なぜなら、黒澤君は、こうした晴れがましい、或いは、形式ばった、儀式的なことを、テンから受け付けぬ気質を持っていたし、また、そうしたことに耐え得ぬ野人的体質でもあったし、憶測すれば、むしろ、これを否定する反骨精神の持ち主だとも解釈していたからである。けれど、人々の期待（？）を裏切って、黒澤君は出かけて行った」（前掲『黒澤明・その作品と顔』）

帰国後、女王との謁見の模様は語りたがらなかったが、淀川長治との対談では、ジョン・フォードとの出会いを懐かしんだ。

二つ目は偏執狂的な傾向がある。

「彼の、凡人から見れば異常にみえる程の潔癖性、それゆえに幾分モノマニアな性質とか、能という極度に研ぎ澄まされた芸術へ、多分の共感を覚えたからであろう」（「わが弟子を語る――映画監督黒沢明と谷口千吉」山本嘉次郎　文藝春秋一九五一年五月号）

能と対峙した時、憑依したかに見える黒澤の集中力は、黒澤映画の創造性にも敷衍《ふえん》し繋がっていると、山本の目には見えたのである。

黒澤は、処女作『姿三四郎』のシナリオを一気呵成に書き上げると、『ハワイ・マレー沖海戦』の撮影で千葉の館山にいる山本を、アドバイスをもらうために訪ねた。

その夜、山本から、今夜は海軍の将官との間に会食があるから先に休むようにとの伝言があり、黒澤は先に休んだ。夜中、ふと目を覚ますと、隣室の山本の部屋から明かりが漏れている。

黒澤は目を覚まし、そっとその部屋を覗くと、山本が一枚一枚原稿を精読している後ろ姿があった。

「その真剣な姿には、当然、宴会で痛飲してきたはずなのに、そんな気配は一つもなかった。寝静まった宿舎には、物音ひとつ聞こえない。ただ山さんがめくる、原稿用紙の音だけが聞こえた」（前掲『蝦蟇の油』）

黒澤は、居住まいを正し、山本が読み終わるのを待った。

「（私は、今もって、その時の山さんの後ろ姿と、その頁をめくる音が忘れられない）。この時、私は、三十二歳。やっと、自分が登るべき山の裾へたどり着き、その山を見上げて立った」（同前）

こうして黒澤は、親鳥のもとから、羽音高く飛び立ったのである。

友情三重奏——早坂文雄・小国英雄・本多猪四郎

孤高の人・黒澤には、生涯を通して映画という心の友はあったが、真に心を許した友は極めて少なかった。

映画づくりの日々には、百人近いスタッフと寝食を共にするが、毎夜、宴会のように賑やかに過ごした。映画づくりのトップを歩み続けた人だけに、沢山のイエスマンに囲まれて過ごすのが、日常だった。上下関係から生まれる師弟関係はあっても、真の友人となると、対等でなければならない。気心の知れた、肝胆《かんたん》相照らす仲、そういう関係の友人は、黒澤の場合、皆無に等しいのではないだろうか。好き嫌いの激しい人だけに、その厳しい条件から濾過され、近づけた人は少ない。長年、彼のスクリプターを務めた野上照代の証言がある。

「黒澤さんという人はとにかく、いったん気に入るとベタ惚れになる人だけど、何かで嫌になると、憑いた狐が落ちるみたいに大嫌いになっちゃう。今までそういう相手が何人かいたのも知っていますがね。天才とはかくなるものでしょうか」（『蜥蜴の尻っぽ』野上照代　文藝春秋）

相手が「世界のクロサワ」となると、喧嘩もできる、腹を割って話せる、というような友人と呼べる人はなかなかいない。

しかし、辛うじて三人いる。いずれも、「いったん気に入るとベタ惚れ状態」の友人である。それは作曲家・早坂文雄であり、共同執筆者の小国英雄であり、『ゴジラ』の監督として有名な本多猪四郎である。本多とは晩年を一緒に過ごした仲でもある。

黒澤が脱帽した作曲家・早坂文雄

黒澤と早坂とは、監督と作曲家という立場の違いはあるが、『酔いどれ天使』(一九四八年)に始まり、早坂の死で終わる『生きものの記録』(一九五五年)までの実に短い七年間、八本の作品でコンビを組んだ。黒澤の代表作『羅生門』、そして『生きる』『七人の侍』という世界的名作は、二人のコラボレーションで誕生した。わずか七年間で、その偉業を成し遂げた。早坂の死は、黒澤との高度で濃密なコラボレーションを、神様が嫉妬したとしか思えない。

早坂は仙台で生まれ、独学で作曲を学び、昭和十三年(一九三八年)に、『古代の舞曲』でワインガルトナー賞を受賞、一九三九年に東宝に入社した。黒澤との出会いは戦後だが、それまで会社は一緒に仕事をさせなかった。

「二人とも仕事には頑固だから、その二人を組ませると衝突する危険があると会社(東宝)は考えたらしい。しかし、早坂と仕事をして一ぺんと衝突などはしなかった」(「早坂のこと」『七人の侍』レコードパンフレット)

早坂は、東宝へは黒澤より二年遅れで入ったが、音楽界では有望な新進作家だった。

二人は、黒澤が意欲を燃やし臨んだ『酔いどれ天使』で、初めてコンビを組んだ。ところが案に相違して、打ち合わせで二人はすっかり意気投合した。映画音楽を余技のように考えている作曲家の多い中で、早坂は映画音楽に新たな活路を見出そうと意欲的だった。

「気が合ったのは、あの哀しい画面にたのしい〈郭公ワルツ〉をのせる時だった。それまでいわば画面との足し算だった音楽を掛け算にしようじゃないか、と言って」（前掲「全自作を語る」）
ヤクザの松永（三船敏郎）が親分から勘当され、惨めな気持ちで闇市を歩く。そこにスピーカーから、陽気な「郭公ワルツ」が流れてくる。ダビング（画と音を合わせる）の時の様子を、黒澤は自伝に書いている。

「やくざ《ママ》の暗い想念が、その陽気な音楽で、驚くほど強烈に映像からにじみ出て来た。早坂が私を見て、嬉しそうに笑った」（前掲『蝦蟇の油』）

この作品を機に、二人の友情は急速に深まっていった。黒澤は、彼を離さなかった。

「早坂との付き合いは、仕事の上でも私生活でもすべて楽しく、会う時はなにか、いそいそする程で、何か恋人同士のようだった」（前掲「早坂のこと」）

まさに、気に入ると「ベタ惚れ」状態になる。『羅生門』で、二人の仲はさらに深まる。

『羅生門』は、大映京都の作品で、黒澤ら一行が宿泊している賀茂川べりの旅館・松華楼へ。早坂も打ち合わせのため呼ばれた。彼は、日記『入洛記』にその時の様子を書き記している。

早坂が行くと、黒澤は彼を自分の部屋に泊めようとした。最上のもてなしである。仕事は順調に進んだが、長逗留になったので、黒澤は、三船、志村たちの奥さんも宿に呼んだ。

「八月三日（一九五〇年）

かなり更けてから、黒澤氏、黒澤氏の部屋が一番涼しいからここに寝ましょうと盛んにすすめたが、奥さんが昨夜から来ているというのだから、一寸これは具合がわるい。こちらで遠慮しなくてはならない。大人の常識として」（『入洛記』早坂文雄　以下同）

その結果、千秋実と同宿することになったが、彼は夜遊びで帰ってきていなかった。

「むしあつい。黒澤氏、扇風機をもってきて枕の上においてつけてくれた。『つけっぱなしで眠ると毒だよ』と言いながら」

早坂に対する実にこまやかな配慮である。

『羅生門』の封切りは八月二十六日に決定した。考えられないようなハードスケジュールである。黒澤らは酷暑の中を、晴れると郊外の長岡の光明寺の森の中で、三人の証言の回想シーンである決闘シーンを、曇ると撮影所のオープンに建てた巨大な羅生門の雨のシーンを、撮った。

その間、早坂は精力的に作曲を進めていた。

「夜（八月二十一日）、やっと作曲完成」

映画の封切りまで五日間。実質四日間という時間しかない。黒澤四十歳、早坂三十六歳の夏である。若さの驚くべき馬力だが、時間を超越している。

早坂は、オーケストラの楽団員を六人、東京から招き、ダビング（画面に音楽をつける）を二十日から始める。

黒澤は撮影を終え、大好きな編集に入る。専属編集者が気に入らず、自分で徹夜、徹夜で繋いでいった。ところが編集中、編集室のあるスタジオが火事騒ぎで、『羅生門』のネガやポジのフィルムを大急ぎで持ち出すというトラブルが発生し、大騒ぎとなった。

また、試写中には、映写機のトラブルでフィルムが燃え、有毒ガスでスタッフが倒れるという事態まで発生した。いずれも超多忙な中での事故だった。

ところが、徹夜、徹夜続きの黒澤にとっては、これも救いの神！　現場復旧の間、彼は宿で英気を養った。

一方、会社は『羅生門』の公開に間に合わせるため急ぎ、夕方には現場は復旧していた。やっとダビング開始、収録スタジオには六人のオーケストラの楽団員が待機。

「徹夜つづく。スタッフおよび会社の総力を挙げて、この一作の仕上げにかかっている観あり」

このダビングでは、黒澤と早坂が期待と不安を懐いたシーンがあった。それは真砂《まさご》（京マチ子）の証言シーンである。

真砂は、夫の目の前で、盗人の多襄丸に犯されるが、あくまで貞節である事を夫に訴える。樹の根方に縛られていた夫は、疑いの眼差しで見る。短刀を片手に、真砂は、「やめて……そんな目で私を見るのはやめて！」と、迫り、「ひと思いに私を殺してください！」と、訴える。このシーンを書いている時、黒澤の耳にはボレロ㉕のリズムが響いていた。早坂に「ボレロを書いて欲しい」（前掲『蝦蟇の油』以下同）と作曲を依頼していた。いよいよ、そのシーンに音楽を入れる時がきた。

早坂は黒澤の隣に座り「では音楽を入れてみます」と言った。

「不安と期待で胸苦しかった。スクリーンにその場面が映り、ボレロが静かにリズムをきざみ始めた。場面は進み、ボレロの響きは徐々に高潮して来たが、映像と音楽がチグハグに喰い違って、なかなか噛み合わない。

私は、しまったと思った。

私の頭の中で計算した、映像と音楽との掛算は間違っていた、と冷や汗が流れるような思いであった。

その時である。

ボレロが一段と高らかに唄い始めた時、突然、映像と音楽はぴたり噛み合って、異常な雰囲気を盛り上げ始めた」

この時黒澤は、「背筋に冷たいものが走るような感動をおぼえて、思わず早坂を見た」と記している。早坂も、黒澤を見た。

「早坂も異常な感動で慄えているのが解った」

早坂の日記『入洛記』は、次のように記している。

「八月二十三日
ぶっとおしで昨日よりつづけ、へとへとになって昼十二時に完了。

昼、かえって小眠。三十時間食べず。夕方七時、完成試写で大映に至る。

音楽は僕の今まで約六十本の仕事のうちで、最良のものになったことを喜ぶ。黒澤氏はじめ大映の首脳部もたいへん喜んでいた。宿へ帰ってビールを飲んで幾日ぶりかで安眠。

八月二十四日
昼から小憩。京都もきょう一日。ひどく忙しい、そしてつらい仕事だったが、やっと終了し、そして全力を尽くした。結果もよく、もう思い残すことはない。この一作を残したことによって、僕のトオキイ音楽は、ある一つの頂点を示しえたことになると思う。人は色々に言うであろうが、僕には悔い残すものがない。さっぱりした」

翌昭和二十六年（一九五一年）、『羅生門』はベネチア国際映画祭で最高賞の金獅子賞を受賞した。

黒澤たちは、この作品がベネチア国際映画祭に出品されたことすら知らなかった。『羅生門』で、二人の仕事は一躍世界的に評価されたのである。

監督として一切の妥協をしない黒澤と早坂の間では、当然、齟齬《そご》や軋轢《あつれき》もあったが、それがむしろ、ブレない二人を固く結びつけた。芸術家として互いに一目置き、心底から信頼し合っていた。

映画人として最高の栄誉に輝いた黒澤は、次に、早坂と代表作『生きる』に挑む。

先にも触れたが、ガンで余命いくばくもないことを知った主人公は、死を目の前にして、初めて真に生きるということに目覚める。それは念願だった子供たちのための小公園づくりだった。それを通夜の部下たちの回想として描いていく。

「あの回想シーンには全部音楽を入れるつもりで早坂と相談してメロディーを決め、スコアを書いて貰ってあったんだ」（前掲「全自作を語る」）

ところが回想シーンにその音楽を入れると、「しみじみとした実感みたいなものが、消えちゃう。音楽できれいに流れてしまう」（同前）。そこで非情にも、その音楽を全部外した。

「一ぺん入れたんですが、全部取っちゃったんです。そうしたら早坂が落ち込んじゃってね」（同前）

黒澤は心配になり、様子伺いに早坂邸に足を運んだところ、彼は雨戸を閉め切って、暗い部屋の中にジーッと籠もっていた。

「あれは僕が悪かったんだ、あんたの音楽は決して悪くない」（同前）

と慰めたが、早坂の落胆ぶりは救いようがなかった。早坂は、全身全霊でスコアを書いている。その誠実さに応えたかったが、芸術家・黒澤は自身の信念のために、あえて非情を通した。

こんなことがあった後、二人は再びタッグを組む。不朽の名作となった『七人の侍』である。あの勇壮なテーマ曲は、紙屑籠から生まれた。

『七人の侍』は、早坂の傑作ですね。まず〝侍のテーマ〟を書いてくれよと言って、ある程度できたということで早坂の家へ行ったんですよ。随分書いてあってね。

それを一つ一つピアノで弾いていって、僕が『違う、違う、違う』と言っていたら、何もなくなっちゃったわけ、書いたスコアが。早坂もしょんぼりしたんだけど、『もう一つある』と言って、紙屑籠から破ったやつを持ってきて、それをつないで、タンタンタンターンタンタン　タンタターンって弾いたんですよ、『それ！』と、すぐ言ってね。早坂は『え？』という感じでね。『それ、もっと行進曲風に弾いてみて』とか、『悲しい形で、アダージョで弾いてくれ』とか言って、『それ』、『それ』という感じですよ」（前掲「黒澤明『七人の侍』創造と秘密を語る」）

これこそ、勇壮で、時として悲壮で、侍たちの活躍を思い切り高揚させ、「彼らこそ侍だ！」と謳い上げたメインのメロディである。

早坂は当時、肺結核を患い、かなり体力が衰えていた。しかし、いっさいの仕事を断り、『七人の侍』に賭けた。

「『七人の侍』の作曲は、デッサンに六十日かけ三百枚のスコアを書いた」（「音楽芸術」一九五四年九月号）とあるように、彼の没頭ぶりがうかがえる。

彼はワグナーが確立したライトモティーフ㉔を使って、人物や事物・場面などに合わせ、テーマ別に作曲。『侍のテーマ』『野武士のテーマ』『百姓のテーマ』『恋人たちのテーマ』と、これら多彩なテーマを、包括的に包み込んだ。

いくつものテーマの中で黒澤は、『恋人たちのテーマ（志乃のテーマ）』が、最も早坂らしいと言う。

「早坂は、僕の映画のために実にいい仕事をしてくれた。どの曲も、私には忘れられない曲である。

しかし、その中でも、私に早坂という男を一番思い出させる曲がある。それは『七人の侍』の中の志乃のテーマである。あれはいかにもフェミニストの早坂らしい曲だ。私は、あの曲を聞く度に、早坂のやさしい笑顔がまざまざと頭に浮かんで来て困る」（前掲「早坂のこと」）

早坂は、『七人の侍』で精魂を使い果たし、命脈は尽きようとしていた。そして、『七人の侍』のあとの『生きものの記録』が、早坂の遺作となってしまった。

この頃の二人は、互いに深い所で繋がっていた。

「芸術家としての生き方、人生観、そういう面でも僕にとって得がたい親友だった。（中略）早坂文雄の晩年というのかな、そのころはもっと深いつながりがあってね。彼の話からヒントを得てできた写真（映画）もあるんだよ」（前掲「黒沢明・その作品と顔」）

それが『生きものの記録』である。肺結核で病状はかなり悪化していたが、彼は病《やまい》を押して作曲のスコアを進めていた。いつもと違って黒澤の注文が遠慮がちだと感じた彼は、次のような手紙をしたためた。

「寝込んでしまって、ご心配かけて、本当にすまないことです」「手加減したり、圧力を弱くしたり、また遠慮なさったり」はしないで、「僕を仕事の上では健康者と思ひ、非情に扱ってください」と注文を出す。

さらに「仕事というものは、情を超えたもので、つらいものだし、無情なようでも、人情を超えた所から始まるのですから、体が悪くても、かまわず、言ってください」と。

黒澤の仕事に影響することを、早坂は極力避けたいと言っていた。

「仕事で死ぬのなら、それも男の心意気というものです」

とまで書いてあった。

そして、映画のクライマックスの工場が焼けるシーンを撮影中に早坂は亡くなってしまう。

「ちょうどあの工場の焼け跡シーンになる時、早坂に死なれてしまってねえ、がっかりしてしまって、ただもう悲しくて、どうにも力が出てこないんだよ。あの肝心なシーンは、だからヴォリュームが不足しています」（前掲「全自作を語る」）

早坂の死は、昭和三十年十月十五日、享年四十一歳の若さだった。その夜、「大変悲劇的な間違いが起こった」（前掲「ユーモア力と生きる力」）と、黒澤は当時を振り返り、語っている。

夜中、早坂のところから車が来て、運転手が、「旦那さん、いらっしゃいますか」と聞いてきた。黒澤の家では、よく早坂が遊びに来ていたので、「旦那」を早坂のことと勘違いして、「いません」と返事し、車を帰してしまった。実は、黒澤本人を呼びに、早坂がタクシーを寄越したのである。

「早坂はそのとき死の床で、僕の名前を呼んでたんです。（中略）僕を呼びに来たわけよ。それをうちでは間違えちゃったわけ、これはショックだったね」（同前）

黒澤の友を失った悲しみは、尋常ではなかった。

「あの時はほんとにシンドかったからね。（中略）あの火事場を撮ってる時は。葬式が終わった後でね。もう、愛してたから、早坂を。だから何か異様な感じが出てるよね」（前掲「黒澤明・その作品と顔」）

その嘆きは、立ち直れないほど深かった。

「早坂が死んで、しばらくはなにか本当に自分の片腕どころじゃない、両腕を取られたような気がしたな。あんなにいい相談相手がいなくなっちゃって、これからどうしようかと思うと、途方に暮れるという気持ちだったよ」（同前）

黒澤は葬儀委員長として、早坂を送った。

「出棺の時、だれがテープを掛けたのか『七人の侍』の侍のテーマが流れてきた。ちょうど雨が降ってきて、早坂の弟子たちが担ぐ棺を雨足が叩く。その弟子たちの中には、佐藤勝と武満徹も居た。

私は後に、この二人と仕事をすることになった訳だが、私には忘れられない悲しい思い出である。今もって『七人の侍』のテーマを、聞く度に、その情景を思い出す。

早坂という侍を失ったことは、私にとって大きな傷手《いたで》であったが、日本映画界にとっても、大きな損失であったと思う。

それまで、早坂ほど映画音楽というものに真剣に取り組んでいた音楽家はいなかった」（前掲「早坂のこと」）

二人のコンビは、たった七年という短い歳月であったが、なんという豊潤な偉業を、世界の映画音楽史に残したことであろう。

一番信頼を寄せた脚本家・小国英雄

「僕は小国の親友だし、早坂が死んだいま、あとは小国しか残っていない」（前掲「全自作を語る」）

黒澤に「親友」と言わせた小国英雄は、最も信頼された共同執筆者の一人である。『生きる』以降の黒澤作品を支えた功労者の一人である。

小国は七歳の時に父を失い、母の手一つで育てられた。小国は若いころから自由奔放に生きてきたため、母にはずいぶん苦労や心配をかけたので、決して「孝行者だとは絶対に言えない」（『全集黒澤明第六巻〈所収〉・キング・オブ・キングズ』以下同）と語っていたが、何よりも母を大事にし、一緒に暮らしてきた。その母が、胃がんの手術を受け、自宅で療養することになった。そのために、自宅にシナリオ工房なるものを作り、内弟子が五人、そして家政婦が同居することになった。

母の死は突然やってきた。小国は、二階の書斎で、弟子の一人にシナリオの口述筆記をさせていたところ、

「『お母さまが……』

階下で家政婦が絶叫……私は階段を駆け下り……（以後、記憶模糊）。母が枕元に座った私に目を向け、死に目に会えた」

この小国の母の葬儀が早坂文雄の葬儀と重なった。早坂の葬儀委員長をした黒澤は、小国家の葬儀には出席できなかった。

「翌日、黒澤が来た。昼、一寸過ぎ位だったと記憶する。キング・オブ・キングズの陶器のボトルをご持参だ。

『おう……』と、彼。彼と面した時の挨拶はすべてこの一語。『来てくれたか……』と私」

玄関脇の日本間で二人は対座。持参の酒を酌み交わしながら九時間余……。話題は尽きなかったが、何を話したか小国には記憶にない。黒澤がふと腕時計を見る。

「十時だよ、俺もう帰る」

と言ったので、小国はハイヤーを頼んだ。

「『なァ……黒澤……俺……母と別れてから……ズーッと……その……何でも無く……フーッと……母のところへ行きたくなる』

この時、物凄い怒声が、

『小国！……死ぬな！……』

と、響き渡った。私は吃驚《びっくり》して顔を上げた。立ち上がった黒澤の、敷居の上の物凄い顔が私を睨み下している……。

『それが気になったから、俺は今日来たんだ！』と、その怒声が続いた。

その黒澤の顔をポカンと見上げていた私の体の中で、何かゴトンという音がしたように感じた。……巷間《こうかん》、これを、〃死に神が落ちた〃というのだな……私は未だにこれを胸に秘めている」

黒澤のこの時の姿は、早坂の死の衝撃の中にあっただけに、酒の酔いも手伝ってか、鬼気迫るものがあった。黒澤にとって小国は、早坂に次ぐ第二の親友なのである。


小国英雄は明治三十七年（一九〇四年）、青森県八戸市の開業医の家に生まれた。彼は、十四歳で、武者小路実篤（のちに近代文学の一派で、自然主義に対抗して人道主義・理想主義を目指した「白樺派」の重鎮）の宮崎県日向に作った「新しき村」㉗に入村する。これは大正七年（一九一八年）に調和的な共同体の理想実現のために建てた生活共同体の村である。若い小国は、理想に燃えていた。

大正十一年（一九二二年）に実篤の勧めで横浜にある バプテスト神学校（現・関東学院大学）の神

学部に入学。卒業後は「新しき村」の東京支部で活動。その後、縁あって日活の太秦（京都）撮影所に入社。助監督から脚本家に転向し、日活多摩川撮影所に移る。『あなたと呼べば』が大ヒット。やがて東宝に移籍し、『支那の夜』、長谷川一夫の『男の花道』などが空前の大ヒット。これによって、小国は大衆路線のヒットメーカーとなる。

黒澤は、小国に早くから注目していた。自分にはないその大衆性の才能に強く惹かれていた。

「僕はあいつと六つ違うのかな、年が。もう黒澤が助監督しているころから、僕はえらかったんだ（笑）。俺の祖師谷（世田谷区）のうちの近所にあいつが越して来た。俺のうちの生垣の向こうに、黒澤の往復する顔が見えるんだ。『オーイ、行ってくらあ』とかなんか言って。で、そばにいたせいか、たしか、『静かなる決闘』『野良犬』かな、彼所《あすこ》らへんからだ。書き上げると、朝十時ごろ来るんだ。それから晩の十二時頃まで、俺とコタツに座っちゃー、読んで、冗談言って、書き直したり、それが二、三本続いたと思う。

ところが『今度は駄目だ。今度は、もう一緒だ。一緒に仕事をしてくれないと困る』って言うんだ。『何だよう』って言ったら、『僕の本当のライフワークみたいなのを考えて、やり出す』って言うんだ」（前掲「黒澤明を語る人々」黒澤明研究会）

その時、黒澤は次のように語ったという。

「人間が死を宣告されて、それから死ぬまでの間にどういうことをやったかっていうことに取り組もうと思う」（同前）

そのモデルはトルストイの『イワン・イリッチの死』㉘であり、自分のライフワークにしたいと熱心に、小国を口説いた。

こうして小国は共同執筆者となり、以後、黒澤は小国を離さなかった。

小国の黒澤との初仕事は、『生きる』である。真冬の箱根の旅館で、小国は、黒澤と橋本忍の三人で机を囲んだ。小国がなぜ暖かい熱海のような温泉地を選ばなかったかと問うと、「小国は途中で逃げる（笑）」といけないから、わざわざ雪に閉ざされた場所にしたという。

ところが、黒澤の杞憂は的中する。すでに小国とコンビを組んでいたマキノ雅弘監督から至急に会いたいと、小国に連絡が入った。雪の中、車にチェーンをつけて下山すると、何も用事はなく、黒澤に小国を取られて、「ヤキモチを焼いただけの話」だったという。それほど引っ張りだこの小国だった。

シナリオの共作について、黒澤は、小国の役割を高く評価している。

「僕の共作は、一言で分担を言うと、小国が魂、橋本がテクニックというところだね。なんか話が間違って伝わっているらしくて、小国が技術的な面を担当しているように思ってる人が多いんだが、とんでもない。小国君は武者小路（実篤）さんの弟子で、大変なヒュウマニストです。それで僕たちは、小国さんにシナリオの魂になってもらってる。僕と橋本がテクニックの面を担当して、二人で競争で書き比べる。両方で書いたのを交換して訂正する。それを小国に見てもらって、つまり彼は裁判官になるんですよ」（前掲「全自作を語る」）

黒澤はまた、小国のことをこうも述べている。

「彼は文学や絵の話をしても実に理解のある男ですよ。そっちの方が、彼の本質ですよ。演出家が本を書くと、ここは演出でゴマかせるというところを、そのまま押し切って書いちゃうのですよ。そこを小国が衝いて、本当のことを言ってくれるんだ。『生きる』は、その点で、徹底的に小国と協力したなあ」（前掲「黒澤明に訊く」）

黒澤の、小国への高い評価と人間としての強い信頼がにじみでている。小国はそれをキネマ旬報で読み、親友の評価につい涙した。

「それを見て、僕は涙が出た。僕の作品はいろんな具合で大当たりばっかり、『支那の夜』といい、当たらざるはなしというところだった。だから世間は小国は大衆作家と見ていると、とんでもない間違いだっていうことをね、それを堂々と言ってくれた。小国の本質はこういうところにあるんだと、ねえ。涙が出た記憶がありますよ。その話を誰かが死んだ八田（尚之・脚本家）にしたら、八田が声をあげて泣き出したそうだ。あれはまた感激家だから。手柄をシナリオライターから取り上げる監督ばかりいる中で、そういうのがいたかって言ってね」（前掲「黒澤明を語る人々」黒澤明研究会）

黒澤が小国を高く評価するのは、シナリオへの貢献度だけではなく、その人柄にある。周囲がイエスマンばかりの中で、思ったことを正直にストレートに発言する、裏表のない人で、つねに率直に振る舞い、その言動には真実がある。

実は共同執筆というのは、極めて困難な作業がともなう。それぞれの個性とプライドがぶつかり合う。「魂」であり「裁判官」である小国は、その熾烈な闘いの潤滑油でもあった。

「共作するときは、お互いに恥部を隠してはいかんという事ですよ。きどっちゃ駄目。だからこうやっていいところを見せようとか、自分にはこういう恥部があるのに、欠点があるのに、きどって隠しっこしたんじゃ駄目だ。（中略）ぶつかって、もう平気になってぶつかれるもんじゃなければ、芸術上の共作っていうのはできないんだと思います」（同前）

黒澤は滅多に、創作中の個人のかかわりを語らないが、小国の功績だけは隠さない。『七人の侍』

も何度か行き詰ったが、その難所を小国のアイディアで切り抜けた。

「僕たちがあるところまで書き進んでグッと詰まると、必ず小国君がいい解決を出してくれる。これはいつも僕たちのシナリオ合作のしきたりなんだ。小国は立派な人ですよ」（前掲「黒澤明大いに語る」）

『隠し砦の三悪人』の時も、そうだった。

「小国なんか全然字を書かないんです。全体を黙って読んでるやつなんだよね。で、どっかで突っかかっちゃうでしょう。『二日書けなくても三日書けなくても、がんばってればきっと突破できる』『お前、そうは言うけどさ…』なんていいあってさ、小国がじっと考えていて『前をもう一度読み直してみようや』っていって、『どっか、おかしなところがあるぞ、これは』」（前掲「『七人の侍』ふたたび」）

これは、蟻一匹通さぬ関所を越すシーンでのことである。姫君を連れて、七百キロの金塊を薪の中に隠し持ったまま、敵方の関所を突破しなければならない。いろいろアイディアを出し合ったが「困った、通れるはずはないよ」（同前）と、完全にストーリーが停頓《ていとん》した。

「『そこを通るから面白いんだよ、どうしようか』……そうすると小国がじーっと考えて、ポンと手を打ってさ、『できたッ！』」（同前）

関所を越える時、真壁六郎太（三船敏郎）が荷物に仕込んだ薪を引き抜いて、「変なもの拾ったんだ……調べておくんなさい」と、番兵に突き出す。その薪から金の延べ棒が出て大騒ぎになる。その隙に、一行は関所を通過してしまう。隠すべきものを大胆に出す、虚心坦懐の小国ならではの秘めワザである。

その難所が、映画の興味を倍加させ、あらたな魅力となった。黒澤は共作の貴重な要《かなめ》であった小国を離さなかった。『生きる』から『乱』まで、十二作品も共作に参加した。

その小国も老いた。
「小国はもうダメだ、書けない」（前掲『蜥蜴の尻っぽ』）と、ある日、黒澤は側近にこぼしていたという。

『夢』以降の最晩年の黒澤作品は、黒澤がたった一人で書いた。

一線を退いた小国は、滋賀県愛知郡愛東町百済寺の片田舎に隠居した。黒澤は、シナリオ執筆時の京都の常宿『石原』によく小国を呼び寄せ、会食するのを楽しみにしていた。同席した宿の夫妻は、こんな会話をよく聞いたという。

小国「お前はいいよ、まだ仕事が出来て」
黒澤「お前も何かを書けばいい、まだ書けるさ」

小国が売れっ子の脚本家で、書き飛ばしていた時代に話が及ぶと、よく泣いたという。小国は随分涙もろくなっていた。翌日、小国が去る時には、黒澤は、威儀を正し、玄関先まで送っていたという。

小国は平成八年（一九九六年）二月に九十一歳で亡くなった。
黒澤の「親友 小国英雄を悼む」という一文がある。
「シナリオを書く、貴重な百科事典のような存在で、古典から、原文、ありとあらゆる本を読んでいて、博学で凄い奴だった。もう、あんなやつは出て来ないだろう。本当に面白い男だった。大袈裟で、泣き虫で、その上、非常に世話の焼ける男だった。あいつ以上に手のかかる人間は、見たことがない。
あんまり分からないことを言うので、腹を立てて怒鳴ったり、説教したりすると、『黒澤は、俺のことを愛してくれているから、怒るんだよな、有り難い』、そんなことを言うので、怒れなくなる。憎めない、素敵な人間だった。『俺が先に死んだら、おまえが葬儀委員長。お前が先に死んだら、俺が葬儀委員長だぞと、何時も言っていた』」（シナリオ一九九六年四月号）
小国のほうが先に亡くなったが、この時、黒澤は京都で執筆中に倒れて、腰を圧迫骨折していた。そのため、ついにこの約束は果たせなかった。

頼りがいのある親友・本多猪四郎

「親友　小国英雄を悼む」の最後に、こうある。

「シナリオを書く時の片腕、小国。撮影の時の片腕、本多。相次いでいなくなってしまった親友二人の分も頑張らなくてはいけない」

「撮影の時の片腕」と黒澤に呼ばせた本多猪四郎は、『影武者』（一九八〇年）から遺作となった『まあだだよ』（一九九三年）までの五作品を、黒澤に乞われて「演出補佐」として彼を助けた。

晩年の二人は、世田谷にあるゴルフ練習所でよく一緒になった。ある日、帰りに、近くにある本多邸に黒澤が立ち寄った。

シャワーを浴びたあと、冷たいビールを飲みながら黒澤のほうから、映画を一緒にやる話が出た。

二人はかつて、山本嘉次郎監督のもとでの助監督仲間だった。

「『あの頃みたいにやれないかなあ。俺とイノさんだったら、やれると思うんだ。きみさん（本多夫人）、ナ、お願いがあるんだけどさ、ちょっとイノさん、貸してくんないかなあ』『大丈夫よ、クロさん。イノさんもやりたいって顔してる』」（『ゴジラのトランク――夫・本多猪四郎の愛情、黒澤明の友情』本多きみ　宝島社）

こんな会話がきっかけで、本多は演出補佐という肩書で、「撮影の時の片腕」になったのである。

黒澤は『蝦蟇の油』の中で、助監督時代の本多について、こう記している。

「本多木目守《もくめのかみ》は本多猪四郎（監督）の事であるが、彼は、当時、セカンド助監督をやっていたが、大道具が仕事に追われて仕方なく、塗料を塗って誤魔化した柱や羽目板に、いつも丁寧に木目を描いて磨いていたので、こんな綽名がついたのである」

黒澤は、こうした人間本多を心底から信じ、愛していた。彼が亡くなった時、黒澤は、弔辞に次の一文を添えた。

「本多は誠に善良で誠実で温厚な人柄でした」

昭和二十五年（一九五〇年）、黒澤（四十歳）と本多（三十九歳）は熱海の旅館の一室で、机を並べてシナリオを書いていた。

黒澤は、後に自身を世界に飛翔させる『羅生門』を、本多は、苦節十五年を経てやっと監督昇進に道を拓いた第一回監督作品『青い真珠』のシナリオを書いていた。

二人は山本嘉次郎門下で、「同じ釜の飯を食った」仲間。黒澤はエリート中のエリートで、助監督歴六年の異例の速さで昭和十八年に処女作『姿三四郎』でデビュー。

一方、本多は戦時中九年間も兵役を務め、その間、中国の戦場を転戦し、やっと終戦後に復員してきた。しかし、東宝に復職しても監督になるチャンスはなく、助監督生活に甘んじていた。

そうした不運な本多を、黒澤は『野良犬』の助監督として、B班の撮影を任せた。本多は、村上刑事（三船敏郎）が闇市を、盗まれたピストルを探してさ迷う実景を担当した。

「本多には、おもにB班の仕事を頼んで、毎日のように注文を出し、当時の敗戦直後の東京の実景を撮りに行ってもらった。

本多ほど、真面目で素直な男はいないから、忠実に注文した通りのものを撮ってきてくれたから、本多が撮ってきてくれたものは、ほとんどこの作品に使った」（前掲『蝦蟇の油』）

本多は、いまや監督として破竹の勢いの友人の注文に、腐らず真剣に、誠実に応えた。


昭和二十六年（一九五一年）、本多はやっと処女作『青い真珠』を世に出した。黒澤は「イノさんについて」（キネマ旬報一九五一年六月下旬号）という一文を寄せている。

「イノさんは、千ちゃん（谷口千吉）や僕と一緒に山本嘉次郎監督の下で育った」

いわば三人兄弟のようなものだが、その中でイノさんは、「一番おとなしい存在だった。いつも黙々と僕たちの気炎を聞いているだけだった」のである。それだけに、「今度のイノさんが一本立ちになるという時に、千ちゃんも僕も心配したのである」。どんな作品になるか、見当がつかなかった。しかし、撮影前に自作のシナリオを読ませてくれた。

「イノさんは、イノさん流にただもくもくと自分を築き上げていたのである。そして、そのイノさんの世界はとても新鮮で初々しい。僕は夢中になってほめ立てた」

志摩半島の自然と海女の生活とが織りなすロマンが、美しく描かれていた。

師の山本嘉次郎も、ここに「本多猪四郎君を語る」という一文を草している。

「本多君は『青い真珠』のシナリオを書いて、見事に映画人としての力量を示した。彼は、気長く、おっとりと、自分の仕事を見つめていたのである」（同前）

本多は、〝生き馬の目を抜く〟ような厳しい映画界で、実におっとりとマイペースで、焦らずに、背伸びせず、無心に生きた。そんな彼に追い風が吹いた。怪獣映画『ゴジラ』のシリーズが当たり、東宝の稼ぎ頭となったのだ。

黒澤が『七人の侍』で配給収入二億九千万円を稼いだ昭和二十九年（一九五四年）、本多は『ゴジラ』で一億八千万円を稼いだ。『ゴジラの逆襲』『キングコング対ゴジラ』などのゴジラ・シリーズで、一躍予期せぬ時代の寵児となった。

「東宝がちょっと左前の時だから、結局、『七人の侍』と『ゴジラ』が救ったようなものですからね。毎日、毎日（脚本を）書き直し、書き直し、こけおどしじゃいけない、自分の中に原爆というものがこびりついていたから、それの恐ろしさを、どう出すかって」（『僕らを育てた本多猪四郎と黒澤明』本多きみ　アンド・ナウの会）

と、きみ夫人は語っている。真っ正直な本多は、単なる恐ろしいだけの怪獣映画にはしたくなかった。

「『ゴジラ』は原爆映画の申し子である。原爆、水爆は決して許せない人類の敵であり、そんなも

のを人類が作り出した。そのことへの反省です」(「怪獣映画と原爆映画」黒澤明研究会会誌十号)
そして、「根底には人間愛が演出家としての僕の心情です」(同前)と語る。
本多は六十四歳の昭和五十年(一九七五年)に『メガゴジラの逆襲』を最後に、いさぎよく退社、引退した。
「次に『ゴジラ』を撮るとしても、チェルノブイリの恐さ、スリー・マイル島の破壊力を持つ核の恐さを、駅前に立って叫ぶことは出来ないが、自分としてはそういうものに協力する」(同前)
復員の際、広島駅を通過する時に見た、あの惨状が、本多の心に焼き付いているのである。彼は怪獣映画を作りながら、原爆の惨状という原体験をもとに、大真面目に映画と取り組んだのである、平和を祈願して——。

寂しがり屋の黒澤、特に『乱』撮影中に喜代夫人を亡くした彼は、孤独を持て余していた。撮影中は仕事に没頭できるが、一人暮らしの自由を選び、息子や娘との同居を好まなかった彼の日常は孤独であった。食事や掃除は賄い婦にお願いしたが、時折、娘の和子が食事などの世話を焼いた。

その黒澤の無聊《ぶりょう》の視野に、「善良で、誠実で、温厚な人柄」な本多が存在感を増していき、「撮影の時の片腕」としての要請に繋がった。

最晩年の黒澤にとって、これほど頼りがいのある親友はいない。本多さえ身近にいてくれれば、孤独からは解放される。

晩年の二人は、黒澤の御殿場の別荘暮らしを楽しんだ。気心の知れた本多との生活を、黒澤は心行くまで楽しんだ。食事などは、ロケなどの製作主任として活躍した熊田雅彦と助監督のチーフを務めた小泉堯史が同行し、熊田は料理長として、小泉は居酒屋の親父として世話した。

二人は別荘の裏手で野菜作りを楽しんだり、ゴルフ三昧に明け暮れた。娘の和子は、別荘の二人を次のように記している。

「明治生まれの父と本多猪四郎監督、この二人はこよなく愛し、長い時間をともに過ごした御殿場の別荘には、いつも温かく懐かしい空気が流れていた。

御殿場での二人を見ていると、明治はどんなによい時代だったのかなと、そんな思いが起こって、羨ましくさえ感じられる」（前掲『黒澤明の食卓』以下同）

二人は別荘前のゴルフ場で、よくプレーを楽しんだ。

「本多さんと二人、ゴルフ中は水分摂取を極力ひかえ、別荘の庭の長い階段をフーフーいって上がってくれれば、駆けつけ三杯の冷たいビール……汗みずくの二人は歓声を上げて喉を鳴らす」

『羅生門』撮影中に覚えた習い性がここに生きている。

「ビールからウイスキーの水割りへ、それから長丁場の夕食である。オイル焼きの締めの漬物炒めでごはんを平らげ、しじみやアサリの汁を食べると必ず、『いや！　貝の汁は胸がスーッとするね』の一言。これは全て、七十を超え、八十過ぎまでのお話ですから、大した老人たちではありませんか」

黒澤と本多は、互いに信じ、知り尽くした仲。神様は二人を再会させ、人生最後の時を、心行くまで楽しませた。

「実に仲良しこよしで、東京でも現場でもいつも一緒、同時代を生きた大親友二人の話は尽きることがなかった。古き良き時代を同じ瞬間に見た者どうしの共感で語り合う内容は、生きた日本の歴史の教科書の如くであった」

その大親友・本多も、平成五年（一九九三年）二月にガンで亡くなる。いつも食欲旺盛な本多が、食欲がないというので、かかりつけの医者に診てもらったところ、ガンが発見された。しかも転移が進行していた。

慈恵医科大病院に入院が決まったが、それを待たずに急変、眠るように亡くなった。すぐ遺体は自宅に運ばれた。

駆けつけた黒澤が、あとの段取りをすべて決めた。まず、アメリカにいる長男・隆司が、帰国するまでの約一週間、遺体はそのまま寝かせておけと命じた。それはやや非常識だったが、その言動に気圧されて、妻のきみも家族も黒澤に従った。

「『隆司が帰ってくるまで、布団で休ませてやれ。骨になったイノさんなんて、隆司が会いたいわけないだろう。お棺の中のイノさんと対面させるわけにもいかん』

わたしは、家族の気持ちを第一に考えてくれるクロさんの言葉が嬉しかった」（前掲『ゴジラのトランク』以下同）

この無茶な発言に、「一週間も遺体をどうすりゃいいんだ」と陰口も出て、みんな途方にくれた。黒澤は、そうした不安を打ち消すように言った。

「しっかりしてくれよ。俺たち、なんのために活動屋やってんだ。布団の中はドライアイスづけにしてもいいんだ。顔だけ、きれいに守ってやれ。親子の最後の別れぐらい、演出してやれなくてどうする」

大親友の死を、一番悲しんでいるのは黒澤であった。

黒澤はこの一週間、毎夜十一時ごろ訪れて、妻のきみさんと言葉を交わし、午前二時ごろ帰っていった。弔問客がいるのを避けたのである。

「『イノさん、いい顔してる。この顔はね、きみさん、君が作ったんだよ』そう言われた時、わたしの魂は救われた」

長男・隆司が帰国した翌日に、世田谷区の成勝寺会館で無宗教によるお別れ会が営まれた。たくさんの弔問客の献花は、数時間かかった。最後に、黒澤は弔辞を読み上げた。

「本多は誠に善良で誠実で温厚な人柄でした。映画のために力いっぱい働き、十分に生きて本多らしい静かな一生を終えました。本多が行くところは……天国でしょう。みなさん、さわやかに本多を送りましょう」

大親友・本多の死は、黒澤には相当堪《こた》えたが、彼は次のように自らを鼓舞して見せたという。

「いつまで悲しんでたってしょうがない。生きている人間のために働くことだ。飯食って寝るだ！」

（前掲『パパ、黒澤明』）

わが分身――三船敏郎と志村喬

黒澤ほど、自らの描くヒーローを、自分に近づけ、自分の分身として描く作家はいない。黒澤は撮影中、主人公に憑依し、主人公と共に生きる。

「映画監督にとって、一本の作品は、ある一生だからだ」（前掲『蝦蟇の油』）。
「私は、一本の作品ごとに、様々な一生を暮らしてきた。映画の上で様々な人生を経験してきた。一本一本の映画の中の、様々な人間と一体になって生きてきたのである」（同前）
『生きる』の渡辺勘治も『七人の侍』の勘兵衛も、黒澤がこう生きたい、こう生きなければならないという思いを託されて行動している。
撮影中、黒澤は常に彼らと共に生きているのである。

三船敏郎と志村喬、二人が初めて共演したのは、『酔いどれ天使』である。黒澤が長年畏敬し愛読してきたドストエフスキーの影響が、この作品に反映されている。

「ここでやっと、これが俺だ、というものが出たんだ」（前掲「全自作を語る」）

積年の思いが果実となったのである。同時にこの作品で、黒澤・三船・志村という黄金のトリオが誕生した。

黒澤と三船との出会いは劇的だった。昭和二十一年（一九四六年）六月、『わが青春に悔なし』のセット撮影中、黒澤は、高峰秀子に「凄いのが一人いるんだよ」（前掲『蝦蟇の油』）と呼びとめられ、東宝の「ニューフェイス」の試験会場を覗いた。

「そのドアを開けてぎょっとした。若い男が荒れ狂っているんだ。それは生け捕られた猛獣が暴れているような凄まじい姿で、暫く私は、立ち竦んだまま動けなかった」（同前）

それは、怒りの演技をしている三船の姿だった。そのふてくされた不遜な態度が審査員の顰蹙《ひんしゅく》を買った。審査委員長の山本嘉次郎が強力に推したが、投票の結果は落第。「待ってくれ！」と、黒澤は大きな声を出して言った。

この時、黒澤は三船に不思議な魅力を感じていた。最後は山本が責任を持つということで、なんとか及第になった。

新人・三船は、黒澤が書いたシナリオの『銀嶺の果て』（谷口千吉監督）でデビューを果たした。その強烈な印象は、この映画の編集をした黒澤を魅了した。彼はさっそく『酔いどれ天使』のヤクザ・松永に三船を抜擢した。

めったに俳優には惚れない黒澤だが、新人・三船の強烈な個性に惚れ込んだ。

「とてもスピーディに演技すること、大変ハイカラな演技をするが全く板についている点、日本人には珍しく芝居気が旺盛なこと、顔面の表情も身体の表情も日本人離れして豊かなこと、等だと思う。なかなかデリケートな心を持っている。だから、荒っぽい役どころをやっても、徒《いたずら》に粗暴に流れない」（「三船君について」映画ファン一九四八年四月号）

以後、三船は、唯一『生きる』を除いて『赤ひげ』まで、黒澤の分身として十六作品の主役を演じた。

一方、志村喬は、日活京都などで脇役専門の地味な俳優だった。柔道の心得があったため、『姿三四郎』の村井半助役で起用し、以後、『續姿三四郎』（一九四五年）、『素晴らしき日曜日』（一九四七年）を除いて、黒澤は『赤ひげ』までの全作品で彼を離さなかった。

志村は『姿三四郎』が縁で東宝の専属となり、黒澤映画の貴重な脇役を演じてきたが、ついに『酔いどれ天使』で主役に抜擢された。その後、黒澤映画の主役を三船と分け合う時期もあった。行動的な人物は三船が、思索的で観念的な人物は志村が分担した。

こうして二人は、黒澤の厳しい要請に応えて、黒澤映画のイメージキャラクターになっていった。黒澤の代表作は、この二人の名優によって支えられたといっても過言ではない。

特に『酔いどれ天使』では、三船は、主役の志村を食うほどの存在感を示し、黒澤は嬉しい困惑を感じた。

「三船って男が出現したんで、最初の考えがひっくりかえっちゃったという写真でねえ。あの志村さんの医者は若くてうまかったんだが、三船の松永ってやつがグングンのしてきちゃったのを、僕はどうしても押さえきれなかったんだ。この若いよさを伸ばしてやりたいという気持ちと、だがここで押さえなけりゃ写真がひん曲がっちゃうぞという気持ちと、僕の裡《うち》に二つ出来てしまって、どうにももう仕様がなかった。松永の奴あんまりナマナマしてやがって」（前掲「全自作を語る」）

医者が主人公だったが、黒澤は三船を押さえきれなかった。

「実は、このよさを殺しちゃ惜しいという気持ちもあったんだ」（同前）

嬉しい誤算に、これを生かそうと決断した。

次回作『静かなる決闘』では、『酔いどれ天使』のヤクザの印象が強烈だったため、三船に正反対の役を設定した。

「三船があ あいう役を創って、そうなるとあんな役ばかりに使われそうなのでね、うんと違った役柄をやらせてみようと考えた」（同前）

三船はヤクザから一転、真面目な青年医師・藤崎を演じる。藤崎は野戦病院で手術中、指先の傷から梅毒菌に感染したことから、復員後、長年待っていた許嫁との結婚を、彼女を不幸に巻き込みたくないと辞退する。〝純潔でありながら純潔を失う〟この不条理を、決然と耐えて生きるストイックな青年医師を好演した。

こうして黒澤は、人間を演じられる俳優として、三船を育てることに賭けた。続く『野良犬』では、三船はピストルを盗まれるという大失態を犯す刑事の苦悩を熱演する。先輩刑事として志村喬がいい味を出している。


黒澤は三船の中にある野性的な行動力、そこにある道化的な生命力に注目していた。それを引き出したのが『羅生門』であり、代表作『七人の侍』である。この二作で、三船は、黒澤同様「世界のミフネ」にのし上がる。

『羅生門』では盗賊・多襄丸を演じ、森を駆け巡り、武士の妻・真砂を夫の眼前で強姦、挙げ句は夫を死闘の末に刺し殺すという、三船の野性的な魅力を添えた。

また『七人の侍』では、ニセ侍の菊千代をダイナミックに演じ、理想的な「侍」を好演した。百姓出身の菊千代が立派な侍として、盗賊との戦いで散華する姿は、黒澤が抱いていた侍の理想像である。ある時は、道化として人を笑わせ、ある時は侍と農民の両者を結び付ける楔《くさび》として、志村喬と共に、強い存在感を示した。

こうして、三船は俳優として、その可能性を大きく開花させ、名実共に不動の「世界のミフネ」となる。

次の『生きものの記録』は、原爆恐怖症の老人が主人公である。当初、この主人公に志村を考えたが、思い切って三船を起用した。

「三船はいいだろう？　あのボリュウムは六十歳の俳優じゃあ出せるもんじゃないんだよ」（前掲「全自作を語る」）

当時、三船は三十五歳だったが、六十歳の老人に挑戦した。生活力が旺盛で動物的生命力の強い老人を、三船は見事に演じきった。

志村は『生きものの記録』以降は、老齢化に伴い、三船のみが黒澤映画を牽引した。黒澤は、どんなテーマも三船一人に託した。三船は行動的な「動」と思索的な「静」を演じることで、さらに深みのある演技のできる役者として成長していった。

三船はやがて、『天国と地獄』の権藤や『赤ひげ』の新出去定《にいできょじょう》へと、大きく変貌を遂げていくのである。

黒澤の共同執筆者の橋本忍は、黒澤作品の多様性について次のように書いている。

「黒澤明はその作品の多彩と、種類の同一性や類似の皆無などから、一口に言えば、作品の多様化を徹底して試み、遮二無二推し進めてきた映画監督である」（『複眼の映像・私と黒澤明』文藝春秋）

まさに、その多様性の作品のヒーローを、三船は演じ続け、黒澤の厳しい要請に応えたのである。

ある時は、危険な撮影にも命を惜しまず挑んだ。

『蜘蛛巣城』ではラストシーンで、主人公の鷲津武時が、兵たちの謀反に会い、矢の雨を浴び針鼠となって憤死するシーンがある。

このシーンは、弓道の心得のある人たちを集め、三船の周囲に矢を射させ、それを望遠レンズで横から撮った。櫓の上を逃げ惑う武時、左右から矢の雨。その矢が彼の首を貫く、その断末魔！

撮影時、三船と同宿だった土屋嘉男の証言がある

「満身に矢を射られるシーンの時も、ずーっと眠れず、うなされたそうである。それは当然で、顔面も体もすれすれに何十本という矢が、実際に近距離からバシバシと射られて、あのシーンを撮ったのだ」（前掲「クロサワさーん！」）

『隠し砦の三悪人』では、黄金を仕込んだ薪を荷車で運ぶ一行、不審に思った騎馬四騎が迫ってくる。瞬間、三船の真壁六郎太が一人から太刀をむしり取るや、二人を斬り捨てる。馬上の二人、馬首を返して逃げ出す。主を失った馬に飛び乗った六郎太、逃げる二騎を猛追！

疾駆する騎乗の敵、追う騎乗の六郎太、逃げる、追う、逃げる、追う。三船はスタントマンを拒否、裸馬にまたがり抜刀して猛追、惨殺！　その迫真力は、まさにスーパーアクションスターである。

「夜中に急にサイレンが鳴り出して、驚いて跳ね起きた。見るとそれはサイレンではなく、三船さんのうなされた叫び声だった。それは三晩ほど続いた。馬に両手放しで乗り、刀を振りかざして、林道の悪路をフルスピードで駆け下りるシーンが迫った頃で、その夢を見たのだと言った」（同前）

三船をよく知る土屋は、俳優としての高い資質、そのひたむきな努力を高く評価している。

「三船さんは黒澤映画によって大成長した。我慢と努力の人であった。『七人の侍』の頃、ひどい痛風で、人が見ていない所では、ビッコをひいて唸っているのを私は見たことがある。隠れて病院からこっそり撮影所に通っていた時もあった。しかし、そんなそぶりはかけらも見せなかった。エネルギッシュで無類の反射神経の持ち主で、黒澤映画の静と動のうち、動の部分にぴったりだった」（同前）

しかし、神経が繊細な分、ストレスが溜まって、それが時々爆発する時がある。泥酔した彼は車を乗り回し、よく黒澤邸のまわりを、「黒澤のバカ野郎！」と怒鳴って走ったという。これはどうやら真実らしい。

こうして、三船とともに黒澤映画の第二の豊穣時代を迎えた。

「いっぺん本式の立ち回りをやってみようじゃないか」（前掲「全自作を語る」）と、『用心棒』で本格的な殺陣を導入、十二人斬りの凄まじい殺陣のシーンを作る。

「十二人斬り殺すシーンがある。一人でも虫の息が残るやつがいたら、全部ばれちゃうわけ。だから一ぺん斬っておいた人間を、もう一ぺん返す刀で、のどをさっと斬るんです。あの三船君の速さといったら。

彼、ワン・カット立ち回りが終わると、もう、ゼーゼーあえいでね。斬るときは、全然呼吸しないんだって。息を詰めたまま、バアッーと斬りまくっちゃう」（同前）

この企画には因縁があり、東宝の製作の総帥である森岩雄がシナリオを読み、「黒澤君の撮るべきものじゃない、黒澤の名誉に傷がつく」と中止を命じた。しかし、黒澤は激怒、撮影を強行した。森は、軽い喜劇と誤解したようである。

『用心棒』を映画館で見た橋本忍は、「私は映画が終わると、手を叩いた。夢中で、手が痛くなるほど叩いた。劇場内は立錐の余地もないほど満員だった」（前掲『複眼の映像』）。

映画は大ヒットした。

その後、三船は黒澤ヒューマニズムの頂点とも言うべき『天国と地獄』と『赤ひげ』と立て続けに出演。両作品とも、黒澤が長年追い求めた理想的な人物であり、俳優として人間的にも成長した三船は、監督の要望に見事応える。

特に、黒澤の集大成である『赤ひげ』では、この大役に燃えた。

彼は大スターだが、一切付き人を付けない。セリフは完全にマスターして、撮影所には台本を持って来ない。スタッフの信頼も篤い。

「俳優のモラルとしては最高じゃないの」

「人間的に本当にできている」

「初めから全力投球する人だね」（前掲「二人の日本人」）

一方、黒澤は黒澤で、三船の『赤ひげ』には注文が多かった。助監督たちが書いた「黒澤映画の骨格」（同前）という貴重な記録がある。

「本読み第二日。

今日は、赤ひげの細かいニュアンスについて監督から三船さんに綿密な注文が出る。赤ひげは人生に深く通じたユマニスト（人道主義者）であり、人間の悪も醜さも知り尽くした一筋縄ではゆかない逞しい実践者だ。単純なキャラクターではない。これは三船さんにとって初めての深い、魅力ある人間像だろう。しかも、これだけの人物を具体的に表現できる俳優は、三船敏郎という秀でた俳優を措いてはない」（同前）

普段、三船にはあまり注文を出さない黒澤だが、『赤ひげ』では違った。土屋嘉男（医者の森半太夫を演じた）の証言がある。

『赤ひげ』における三船さんへの注文は、いつになく多かった。絶対に力まない迫力なのだ、と何度も力説した。ゆったりとおおらかで、それでいて何気なく人を見る時、見られた者が心の底まで見透かされてしまう迫力なのである、と盛んに言った。やがてはドストエフスキーの肖像写真を三船さんに見せた。

『これだよ、この迫力なんだよ』

黒澤さんに『神にもなり得る人』と言わせたドストエフスキーの顔である。力むなと言われて三船さんは、ますます顔に力を入れた。これは私には、黒澤対三船の戦いに見えた」（前掲『クロサワさーん！』以下同）

撮影は足掛け三年、黒澤は慎重に撮影を進めた。主要なシーンは、三日リハーサル、一日本番というう悠々たるペースである。その間、三船は、髪やひげを赤く染め続け、薬品の影響で顔がカサカサになった。

撮影中は、黒澤ペースに三船は恭順、赤ひげで通した。しかし、三船の中で不満が膨れ上がっていった。撮影は昭和三十九年（一九六四年）を中心に前後一年半にまたがったが、三船は、昭和三十七年（一九六二年）に三船プロダクションを立ち上げ、さまざまな企画を製作中であり、社長職の彼は、自分が主演する作品を、何本も作ることが出来た。外国からのオファーもあるが、『赤ひげ』に専念のため断らざるを得ない。やっと撮影も終わりに近づいた時、事件が起こる。

先の土屋の証言がある。

「三船さんも、もう撮り直しも撮り足しもなかろうと、自分で決めて、さっぱりと赤ひげを剃ってしまった。それを知った黒澤さんは、何とも言いようのない怒りをあらわにした」

ラッシュを見て、撮り直しがあるかもしれないのに、それを相談もなしに独断で削ってしまった。助監督の出目昌伸によると、かなり激怒していたという。黒澤の場合、気に入らなければ、常時、撮り直しがある。それが分かっていて、三船は断行した。よほどのストレスが溜まっていたのであろう。

『赤ひげ』は、黒澤・三船コンビの最後の作品となってしまった。

皮肉にもこの『赤ひげ』は、キネマ旬報ベストテン一位、監督賞、NHK映画賞、最優秀作品賞、最優秀男優賞。ベネチア国際映画賞サンジョルジョ賞、主演男優賞と内外から高い評価を受けた。

『赤ひげ』（一九六五年）から二十七年後の平成四年（一九九二年）、黒澤は長年の世界的な業績によって、高松宮殿下記念世界文化賞を受賞した。その授賞式の披露パーティに三船と土屋が招かれて出席した。世界的な受賞者たちに囲まれて黒澤は、明るくにこやかに談笑していた。

三船と同席していた土屋は、

「その時の三船さんの体調はすこぶる衰えていて、すぐ横で話す言葉も私には聞き取れないほどだった。（中略）三船さんは、黒澤さんにすっかりエネルギーを吸い取られた萎んでしまったように私には見えて、感無量であった」とその時の三船の様子を語っている。

この間、三船は、三船プロダクションでの映画製作で、『上意討ち　拝領妻始末』『黒部の太陽』『風林火山』などヒットを飛ばしたが、内紛などに巻き込まれて低迷。さらに、出演女性との同棲、離婚裁判などもあり、公私ともに苦衷の渦中にいた。

晩年は認知症を患い、一人暮らしの中で淋しい末路を送った。

三船は平成九年（一九九七年）に死去、享年七十七歳だった。

黒澤は三船の葬儀に体調不良のため出席できず、息子の久雄が弔文を代読した。

「もし、三船君に出会わなかったら、僕のその後の作品は、全く違ったものになっていたでしょう。僕たちは、共に、日本映画の、黄金時代を作って来たのです。今、その作品の、ひとつ、ひとつを振り返ってみると、どれも三船君がいなかったら出来なかったものばかりです。君は本当によく演ったと思う。三船君、どうも、ありがとう！

僕は、もう一度、君と酒でも飲みながら、そんな話がしたかった。さようなら、三船君。また、会おう」

恩讐を超えて二人は、強く結ばれていたのである。

平成二十八年（二〇一六年）十一月十四日、三船敏郎が米ハリウッドの殿堂「ウォーク・オブ・フェーム」（名声の歩道）入りする記念式典が、ロサンゼルスで開かれた。そして三船の名前の入った星形プレートが披露された。国際スター三船は、世界から愛されていたのである。

高峰秀子との唯一無二の恋

黒澤映画といえば、男と男の激しい葛藤がテーマであり、それに伴うダイナミックなストーリーと映像が特色である。そこに女性の入り込む余地はない。

「女より男に本質的に興味を持っている。だからルーペなんか覗いていて、男を覗いているほうがずっと面白い。女でも一癖も二癖もあるのだと興味を持ちますが、ただきれいなお嬢さんというのは、覗いて見てもちっとも面白くない」（前掲「黒澤明と語る」丸）

『わが青春に悔なし』と『白痴』だけが女性がヒロイン（原節子）だが、いずれも強い個性を持ち、前者は自我に目覚めた新しい女であり、後者は善良無垢な男と欲望に満ちた男の二人を廃人に追い込む魔女のような女である。したがって黒澤映画は、「ほれた、はれた」という愛欲の世界とは無縁である……。

その黒澤が、生涯で唯一無二の恋をしたことがある。彼が助監督のチーフだった頃、山本嘉次郎監督の『馬』という作品で、まだ十五歳だった高峰秀子が主役の少女いねを演じた。山本は、時々ロケ地に現れるが、先に記したように、黒澤に任せてすぐ帰ってしまった。それだけチーフの黒澤を信頼していた。この時、黒澤は三十一歳。二人の間に恋が芽生えたのである。

この件に関して黒澤は、一切沈黙を守ったが、高峰のほうが『わたしの渡世日記』（以下同）で、その一端を告白、いや懐かしんで回顧している。

『馬』は、東北の四季を背景に、いねという少女が仔馬を貰い受け、立派な軍馬に育て上げるという物語である。

東北ロケは、三年がかりの撮影だった。ロケ地へ向かう監督車の中で、高峰は「黒澤明の膝の間に腰かけ、つねにロケ隊の先頭を切って走る演出部のハイヤーに乗っていた」という。黒澤は高峰を子供扱いだが、多感な少女は、強い異性を感じていたに違いない。

ロケ中、裸馬暴走事件が起こる。シナリオには、「いねが、裸馬をカッ飛ばして、汽車と並行しながら手を振って走る」とある。高峰は馬の口に付けた荒縄を摑み、裸馬にまたがった。「ヨーイ、ハイ」と監督の声、馬は疾風の如く走り出した。高峰は馬の首にしがみつく。体は一回転して馬のノドのあたりにしがみついた。スタッフは馬を追って走り出した。彼女は、「一巻の終わりだ！」と観念したとき、馬がトトトトッと立ち止まったという。

「黒澤明は私を抱きしめてしゃがんだまま、私の背中を、まるで赤ん坊をあやすように撫でたり、叩いたりして、荒い息を吐いていた。

黒澤明の、強い、しっかりとした両腕に抱かれた私は、彼の首筋にしがみつきたい気持ちを抑えながら、なんともいえない安心感に、身体の力がフニャフニャと抜けてゆくのを感じていた」

この一件以来、「黒澤明と私は急激に親交を増していった」。

そんなある夜、二人はデートして映画鑑賞に出かけた。盛岡の映画館である。

映画は、昭和十一年（一九三六年）に開催されたベルリン・オリンピック記録映画『オリンピア』で、日本からも前畑秀子が出場、二百メートル平泳ぎで優勝、「前畑ガンバレ、前畑ガンバレ！」のラジオ放送で、日本中が沸いた。この映画は有名なドイツの女性監督レニ・リーフェンシュタールの作品で、象徴的、造形的な作品で評判だった。

映画館から宿への帰り道、黒澤は感動を胸に黙々と歩いた。

「私の存在など気にも止めてくれなかった」

昭和十六年の秋、高峰は『秀子の車掌さん』などを撮影して、忙しい日々を送っていた。それでも時々、食堂でお茶を飲んだり、撮影所裏の御料林で散歩したり、デートを楽しんだ。そんなある日、黒澤から、声を掛けられた。

「成城に仕事部屋を借りたんだよ。デコ（秀子）の家のすぐそばだ。遊びにおいでよ」

「きっと遊びに行くよ」と約束した秀子は、二、三日後の夕刻、母の監視の目を盗んで、三丁（約三〇〇メートル）ほど離れた黒澤のアパートを訪ねた。和服姿の黒澤が迎えた。

「ふいに胸が一杯になった。と思うと同時に、なぜか私の目に涙が溢れた。ハンカチーフを持たない私は、あわてて手の甲で涙をぬぐった。黒澤明に会えた、といううれし涙ではなく、母の目をかすめてここまで来た、ザマアミロ、という思いが、私の胸を突き上げたようだった」

ところが、その母に跡をつけられていたのである。ひと騒動の後、家に戻った高峰は、一週間の自宅軟禁を強いられた。

この一週間の間に、母と山本嘉次郎と東宝専務の森岩雄との間で協議がなされた。これは、将来を嘱望された演出家の卵と有望な女優の卵のスキャンダルである。三人は決着を急いだ。二人の説得役は、山本が負った。

「二人とも、結婚にはまだ早いだろう？　デコ……とにかく、そういうことだよ」

一週間の軟禁が解けて撮影所に出かけた高峰は、黒澤を探した。食堂の前の芝生にポツンと彼は立っていた。

高峰は駆けよって、「黒澤さん！」と声をかけたが、彼は無表情で、突然クルリと踵《きびす》をかえすと、足早に去っていった。師である山本の助言に従った。こうして二人の恋は終わった。黒澤は仕事への執念と違って、この恋にはどこか淡白で、理性的なところがある。

戦後のことであるが、いつぞや吉村公三郎が日本映画監督協会の機関誌『映画監督』で、監督美男コンクールを企んだ。映画女優へのアンケートである。

「友人として誰が一番好もしいですか？……黒澤先生。
恋人として誰が一番好もしいですか？……黒澤先生。
良人として誰が一番好もしいですか？……黒澤先生。

かくのごとく黒澤君は日本で一番、男っぷりのいい映画監督である」（前掲「カツドウヤ自他伝」山本嘉次郎）

この黒澤は、師の山本に言わせると、品行方正であったという。

「黒澤君と谷口君に、何かを教えたとするなら、映画以外の、人間道の悪いことだけかもしれない。代々ボクの助手になる人は、大酒のみになりトリッペルになることになっている。『先生……出ました』とボクの家に駆け込んでくると『万歳！いよいよキミも山本塾の卒業生だ』と冗談を言ったものである」（同前）

トリッペルは淋病〈性病〉である。当時は遊郭があり、性が楽しめたのである。しかし、黒澤は一切関心を見せなかった。

『一番美しく』は、たくさんの女優たちをレンズ工場で働かせ、ドキュメント風に撮影した。独身の黒澤と、独身の女優達だったが、なにも起こらなかった。

戦時中、彼は両親を秋田に疎開させ、独り身で生活も大変だった。当時の製作部長の森田信義が心配して、結婚を勧めた。

「一つ結婚を考えてみたらどうか、と言い出したのがキッカケである。結婚相手は、と私が聞くと、矢口君がいるではないか、と森田さんは言った」（前掲「蝦蟇の油」）

こうして終戦の昭和二十年五月、明治神宮の結婚式場で山本嘉次郎の媒酌で結婚した。

矢口陽子（後の黒澤喜代夫人）は、結婚と同時に俳優を辞め、主婦に徹し、黒澤を支えたことは、先に記したとおりである。

黒澤の青春も、高峰秀子との一時は激しく燃えた恋を最後に終えたと言っていい。


ここで黒澤作品の中で、二つの作品に注目したい。主人公たちは禁欲に徹し、激しい情欲を抑えるが、どこか異常でさえある。

『静かなる決闘』は、先にも述べたが、戦場での手術で患者から梅毒を移された医師・藤崎（三船敏郎）が、長年待ってくれた許嫁との結婚を拒否するという物語である。医者として治療するが、うまく治療できない彼は、彼女との結婚を避け続ける。もし打ち明けたら、彼女は治るまで何年でも待ち続けるだろう。

「僕はそんなところへ、あの人の青春を追い込む勇気はありません」

独身のまま医療に尽くす藤崎を、黒澤は「聖者」と人々に呼ばせた。

『悪い奴ほどよく眠る』では、汚職の犠牲となって自殺した課長補佐の息子・西（三船敏郎）が、復讐心に燃え、汚職の巨悪岩淵の秘書に納まる。そして岩淵の娘と結婚、汚職の全貌を解明し、告発しようとする。

ところが西は、結婚した岩淵の娘・佳子（香川京子）に一切触れようとしない。共同執筆した菊島隆三は、その不自然を突いた。

「結婚式をやった女が寝もしない男を夫と思っているのは、足が悪いというコンプレックスがあってもおかしい。寝なければ相手をだませるはずがない、といったら、『女と男を寝せるわけにはいかないよ』」（前掲「黒澤明ドキュメント」）

きわめて禁欲的である。セックスに対して、黒澤は理性的であり、そこに人間としての矜持さえ感じられる。

《**参考資料**》
㉓アルツィバーシェフ（一八七八〜一九二七年）：ロシアの作家。性欲を賛美した『サーニン』、自殺を賛美した『最後の一線』が有名。作家・広津和郎などに影響を与えた。
㉔情報局：一九三九〜一九四五年に情報局等後援で、映画脚本、製作等に対し、選ばれた作品に助成金が支払われた。一九四一年に黒澤明は、『静かなり』『雪』のシナリオが評価される。
㉕ボレロ：音楽家・ラヴェルの「ボレロ」はつとに有名。「一貫した小太鼓のリズムを基調に、たった二つの旋律が反復される。単調そうだが、実は曲全体に徐々に音量を増し、最後の二小節で突然暗転する、というトリッキーな音楽だ」（音楽評論家・萩谷由喜子）。早坂文雄は、このラヴェルを超えるように苦心したのでは……。

㉖ライトモティーフ：特定の人物や状況にあわせた旋律で、登場人物や状況の変化などを象徴的に示唆し、音楽的に統一をもたらす。
㉗新しき村：武者小路実篤が提唱した「人間らしく生きる」「自己を生かす」等を掲げ、その仲間たちと理想郷を目指し、大正七年（一九一八年）に宮崎県児湯郡木城町に開村した。
㉘『イワン・イリッチの死』：トルストイによる小説。平凡な一官吏が不治の病にかかったことから始まる、死の恐怖と孤独を、トルストイの透徹した眼で描いている。

第6章

挑戦と挫折の果てに

――日米合作『トラ・トラ・トラ！』の落とし穴――

オープンセットの空母「赤城」に立つ黒澤明（北九州・芦屋町、撮影年不明）　提供・黒澤プロ

テーマにほれ込んだ黒澤

自らの集大成『赤ひげ』を完成させた黒澤は、長年の夢だったハリウッド進出に乗り出した。彼の映画の構想や予算は、日本映画のスケールをはるかに超え、海外進出は必然の流れで、ハリウッドからも声が掛かっていた。

さっそく、昭和四十一年（一九六六年）、黒澤はアメリカのエンバシーピクチュアで『暴走機関車』（主演／ピーター・フォークとヘンリー・フォンダを予定）を撮ると発表した。実際に事件のあったニューヨーク・セントラル鉄道までロケハンして、この映画に強い意欲を燃やしたが、黒澤の書いたシナリオとアメリカ側との構想の溝が埋まらず、延期というかたちで夢は潰《つい》えた。

しかし、黒澤の才能をハリウッドは放ってはおかなかった。20世紀FOXの社長・ダリル・F・ザナック㉙が、日米開戦のきっかけとなった真珠湾攻撃を描く『トラ・トラ・トラ！』の監督を、黒澤に是非と依頼してきた。ザナックは『史上最大の作戦』なども手がけた大プロデューサーで、その彼が黒澤に賭けたのである。東宝は、独立した黒澤プロにとって、ハリウッドと組むことはまたとない話と喜んだ。黒澤は、『暴走機関車』のこともあり喜んでこれを引き受けた。

真珠湾攻撃は日本側の奇襲として歴史の汚点となっている。その作戦の責任者は、時の太平洋艦隊司令長官・山本五十六である。畏敬する山本の汚名を、真相を通して何としても晴らしたいという強い思いから、黒澤はこの超大作に挑んだ。

戦時中に海軍士官だった作家の阿川弘之は、昭和四十年（一九六五年）に『山本五十六』（新潮社）を著した。

「黒澤さんは、山本五十六という人がお好きでしたよね。阿川弘之さんの『山本五十六』が出た時も撮りたかったようでした」（前掲「黒澤明・天才の苦悩と創造」）

と、黒澤の側近・野上照代は語っている。これをハリウッド資本で撮れる、という。夢は一挙に現実となったのである。日米合作の『トラ・トラ・トラ！』が動き出した。

ニューヨークでの製作発表を受けて、昭和四十二年（一九六七年）四月十六日、東京プリンスホテルで黒澤と米側プロデューサーのエルモ・ウィリアムズが立ち会って製作発表を行った。黒澤は重々しく、そのテーマを語っている。

「この映画は、二つの国の誤解の記録であり、偉大なエネルギーの浪費の記録であり、根本的には悲劇であることが土台である」

その彼の表情は、威厳と自信、そして大作に臨む闘志に溢れていた。

そして、実際にクランク・インになる昭和四十三年（一九六八年）十二月三日、それまでの一年半は、黒澤流の慎重な準備に明け暮れた。

このテーマに惚れ込んだ黒澤は、製作発表の一年も前に、共同執筆の小国英雄と菊島隆三を誘って熱海の温泉旅館に籠った。彼は、日米外交史や日本海軍の戦史など膨大な資料を持ち込み、日米開戦の前後の真相に迫った。黒澤は、ドラマの核心に和平交渉と奇襲、刻々と迫る時間の攻防、その息詰まる日米両者の動きを、カットバック風に同時進行で描こうとした。

ワシントンとハワイと東京。米国務省、陸軍省と海軍省、駐米日本大使館、ハワイの真珠湾と艦隊司令部、飛行場、艦艇ネバダやアリゾナ、日本の旗艦・長門、空母・赤城、やがて戦闘状態に入ると淵田機と村田機……。それらが一気に秒単位でカットバックする。まさに「偉大なエネルギーの浪費」に繋がる攻防が繰り広げられる。

一方、黒澤は迫力あるストーリーの節目に、思いとは裏腹に奇襲作戦の指揮者になっていく、山本司令長官の苦悩と悲劇を克明に追っていく。

近衛文麿首相邸での対談で、山本は豪放な一面を披瀝する。

「それは、ぜひやれと言われれば、半年や一年は存分に暴れて御覧に入れます。しかし、二年、三年となっては、全く保証はできません……」

言外に両国には国力の差があり、この戦争が無謀であることを山本は示唆した。

空母・赤城での作戦会議で、各幕僚たちに山本は訓示。選択肢に和平もあることを説く。

「戦端を開くのは十二月八日の予定であるが、今はこれをX日となし、後に令する。但し、目下ワシントンで行われている日米交渉が成立した場合は、X日の前日午後一時までに、出動部隊に引き上げを命ずるから、直ちに反転、帰航して貰いたい」

一座に動揺、山本は激しく叱咤する。

「帰れぬと考える指揮官があるならば、只今、直ちに任を解く、即刻辞表を出せ！」

さらにアメリカの国力を侮るなと戒める。

「戦わば、アメリカは、日本がこれまで戦った最強の敵となることを肝に命ぜよ！」

アメリカの駐在武官の経験を通して、「私がこの目でしっかりと見て来た事実である」と、決然として述べる。

開戦前の十二月三日、山本は宮中に赴く。陛下から直接、勅語を賜るが、案内した木戸内大臣に、黒澤は次のように語らせる。

「この最も戦いを望まれぬ陛下と最も戦いを避ける事に全力を尽くされた閣下とのこの儀式ほど最も悲劇的なものはありますまい」

黒澤は天皇と山本を、好戦的な時勢の対極に置く。

駐米日本大使館に日米交渉の覚書の暗号電報が入り、別電で十二月七日の午後一時に「手交《しゅこう》（手渡し）せよ」とあった。それを奥村勝蔵一等書記官がタイプのキーを叩き、覚書の正式文書を作成するが、時間がかかり遅れる。

一方、アメリカ側はそれを傍受、解読してしまう。しかし、彼らは日本の攻撃は南支那海と誤り、ハワイは全く無警戒となる。

日本大使館の手交すべき文書は遅れに遅れ、ハワイに迫っている空母・赤城は、日米交渉を待たずハワイ時間六時に第一次攻撃隊が発艦！

瀬戸内海に浮かぶ旗艦・長門の作戦室では、全幕僚が詰めかけている中、山本が静かに口を開く。

「侍は、眠っている者は斬らない。目を覚まさせてから斬るのが作法だ。最後通告は、攻撃前にワシントンで手交する手はずになっているが……」

〝だまし討ち〟は絶対にしない、それがサムライの作法だと山本はその無念を語る。しかし、現実は覚書の手交前に、攻撃隊は真珠湾に襲い掛かった。次々に黒煙を吐いて炎上する主力艦！　飛行隊長・淵田は、同乗の水木に発信を命ずる。

「我、奇襲に成功せり、トラ、トラ、トラ！」

ワシントンの国務長官室、二時二十分に全権大使の野村吉三郎と来栖三郎が文書を手交する。ハワイの奇襲を電話で知ったハル長官は、

「これ以上破廉恥な、しかも欺瞞に満ちた文書を見たことが無い！」

と、強い不快を顕《あらわ》にする。

壊滅的な真珠湾、地獄絵のような惨状！　続いて勇壮な軍艦マーチが流れる中、山本は勇壮なマーチとは対照的に鬱然として語る。

「アメリカの放送によれば、日本の最後通牒を受けとる二十五分前に攻撃されたと言っている。アメリカの国民性からみて、これほど彼らを憤激させる材料はあるまい。これでは眠れる巨人を起こし、奮い立たせる結果を招いたも同然である！」

言い終わると、作戦室からゆっくり歩み出る……。


和平交渉のギリギリの攻防、奇襲のダイナミズム、そして山本五十六のサムライとしての矜持と苦悩を黒澤はやや満足気に書き上げた。

そのシナリオは、「電話帳のように分厚かった」（「『トラ・トラ・トラ！』の降板の新証言」文藝春秋二〇〇一年一月号　以下同）と、助監督として付いた大沢豊は語っている。

黒澤は、さらにシナリオ修正に没頭、短くしていった。ハワイでダリル・F・ザナックと詰めを行い、何度も彼と衝突した。ホテルで同室だった大沢は、次のように証言している。

「夜、ふと気配がして目が覚めたら、クロさんがベッドの上に座ってじーっと何かを考えていたことがありました」

ザナックは最終責任者だけに、黒澤の苦悩も大きかった。

こうしてシナリオの大筋が決定してからも、御殿場の別荘でさらに手直しをしながら、同時に絵コンテに夢中になった。長い葛藤の日々から見ると、この時が唯一、オアシスにいるかのような楽しい日々だったに違いない。

「大きなテーブルの上にビニールを敷いて、その上に連合艦隊三十数艘を全部置いて、どの方向から撮影したらいいのか、アングルを変えながら絵コンテを描くんですが、美術監督もクロさんの描いた絵には敵わなかった」

アイディアがどんどん湧き、助監督・大沢豊が買い求めた「ドライアイスの煙をたなびかせ」、雰囲気を再現し詰めていった。

その間、北九州の芦屋町には、旗艦・長門と空母・赤城の実物大のオープンセットが着々と作られてゆき、壮大なスケールの映画が動き出していた。

黒澤の構想は、しだいにヒートアップしていった。これは従来のフィクションとは違い、日米が戦った歴史的事件であり、そのためにはドキュメンタリータッチも必要だった。今回は既成の俳優では駄目だと思い始めた。後から考えれば、このあたりから巨大な歯車は狂いだしたのであろう。

「役者連中が軍服を着ても兵隊にはならないだろう。やっぱり海軍の教育を受けた、貫禄のある人でなきゃ駄目なんだ」

黒澤は、キワニスクラブ（官界、財界、学会の一線級の人たちからなる国際的な社会奉仕クラブ）の写真入りの会員名簿から、元海軍軍人を中心に選定。しり込みする人たちには、「なまじ芝居などやってもらっては困る。みなさんの社会人としての貫禄を見込んでいる」と説得していった。こうして主要キャストの八十%が素人俳優で決まった。山本五十六は、高千穂交易社長・鍵谷武雄、参謀長・宇垣纏に前防衛庁事務次官・三輪良雄……。こうして悲劇の種は撒かれていったのだ。

異様な雰囲気の撮影現場

ついに撮影開始のための記者会見が、昭和四十三年（一九六八年）十一月二十六日、赤坂のホテル・オークラで盛大に行われた。・ザナック社長にプロデューサーのエルモ・ウィリアムズも同席。派手なことを嫌う黒澤だが、この時ばかりは海軍の軍服に身を包んだ三十数人の素人俳優を整列させ、その真ん中に、自信にあふれた黒澤が雄姿を見せた。

そして十二月三日、東映京都撮影所（太秦）でクランク・インした。しかし、カメラは回らなかった。長官室を見た黒澤が、「長官室の壁を塗り直せ」（前掲「黒澤明・天才の苦悩と創造」）と、生活感がないことを指摘、スタッフ全員で汚しにかかったという。

撮影現場は異常な雰囲気に包まれた。黒澤は、素人が大半のキャストだけに、山本役の鍵谷をはじめ海軍の高級将校たちが、役になりきるための環境づくりに腐心した。撮影所は、東映はヤクザものや大奥ものの撮影中で、この撮影現場から東映的な雰囲気を完全にシャットアウトしなければならない。そこで黒澤は、俳優の控室からスタジオまでは、将官旗を付けた黒の高級外車に乗せて送迎した。山本以下将官たちが、車から降りると、将官式ラッパがりゅうりゅうと鳴り、「連合艦隊司令長官・山本五十六大将お入りになられまーす！」と高らかに告げられる。すると、黒澤以下スタッフが両側に列をなし敬礼している前を、赤絨毯を踏みながら、山本はじめ高級将官は、一人ずつ左右に答礼しながら鷹揚に進んで、スタジオ入りするのである。それは異様な風景であった。

黒澤は山本には特に神経を使った。控室は片岡千恵蔵が使う最高の部屋をあてがい、私物は一切片付けさせ、窓の外には海を描いたホリゾントを作り、室内は高級洋酒を飾った棚を入れさせた。

撮影はいきなりつまずいた。近衛邸での山本の、「一年は存分に暴れて御覧に入れる」と豪語するシーンから始まった。スクリプターの野上照代の証言がある。

「セリフがどうしても棒読みになっちゃうんですよね。それが先生の思うようにいかない」(前掲「黒澤明・天才の苦悩と創造」以下同)

いら立つ黒澤。しかし、選び抜いて懇願した鍵谷だけに、厳しくは出来ない。

「ついに『私の言うとおりにやってください』と、ご自分でセリフを録音して、それをプレイバックして」、それに合わせて喋らせる方法を採った。

黒澤のイライラは募るばかり。もちろんカメラは全く回らない。リハーサルで一日終わる日が増えた。

「僕はリハーサルに時間をかけるけど、撮れれば早いんだ」、と自分を慰めていたが、今度はアメリカ側がいら立った。カメラを担当した斎藤孝雄の証言。

「どこのシーンを何カット撮ったとか、アメリカ式でガンガンくる。三日リハーサルしてさ、なんで一日で撮れるはずのものに四日もかけなくちゃいけないんだという話が、ゴチャゴチャ始まる」

日本側を担当したプロデューサーの青柳哲郎は、映画製作は素人であり、黒澤流の映画づくりに全く無理解だったので、アメリカとのパイプ役を全く果たせなかった。これも歯車を狂わせた大きな要因の一つである。

そうした撮影の中で、迫真の演技を引き出したシーンもあった。駐米日本大使館で最後通牒の電文を英語にタイプする役を、久米明が演じた。時間との闘いで焦って格闘する久米、黒澤はフィルムを回しっぱなしで、カットを言わない。

「それで、もう一回、もう一回って延々と回しているので、そのうち久米さんの手がブルブル震え冷や汗が出てきて……。ああ、そこを狙っているんだなと、僕は思いました。芝居じゃない部分をね」

と、助監督の大沢豊が語っている。

こうして順調な撮影もあったが、現場では東映系の技術スタッフとの間に、軋轢《あつれき》が絶えなかった。黒澤組のスタッフは撮影の斎藤孝雄、美術の村木与四郎、録音の渡会伸の三人だけである。黒澤の思いが、以心伝心とはいかなかったのも、彼の神経をいら立たせた。

ある時、日本大使館のセットで、天井から照明が落下する事件があった。

「殺すつもりか！」

と、黒澤はライトマンに烈火のごとく罵声を浴びせ、ひと騒動になった。

以後、東映の照明部とは険悪になり、黒澤はスタッフにヘルメット着用を義務付け、数人のボディガードをつけるように配給会社のＦＯＸに打電し、要求した。その異常な対応がますます現場の雰囲気を険悪なものにしていった。

そこへ決定的な大事件が起きた。

撮影が始まって十日ばかり過ぎた二月十四日である。海軍病院のシーンで、海軍大臣の吉田善吾大将の宮口精二が入院、ベッドに寝ている。その宮口も、黒澤の指示で、一度、海軍大将の軍服を着て、それを脱いでからベッドに入った。

その枕元に数通の見舞状が置かれていたが、黒澤が海軍大臣の入院だからもっと用意せよと、助監督に命じた。

そこで急きょ彼らが用意した。それを黒澤が調べると、中からヤクザの果たし状が出てきた。慌てて東映の小道具から調達したもので、まさか中身までチェックするとは思っていなかった。あとの祭りである。

血相を変えた黒澤は、「助監督、全員ここへ並べ！」と命じ、五人ばかりが並んだ。彼は、こういう無神経なスタッフとは一緒に仕事が出来ないと、激しく詰め寄った。

現場にいた黒澤組のスタッフは、次のように語っている。

渡会伸「監督は、大沢に『一人ずつ殴れ！』っていうわけ」

斎藤孝雄「大沢君は『僕には殴れません』って。大沢君が殴らないところがいいよね」

やさしい大沢は、「助監督連中は『殴れ』って目で合図をしてくれたんです。それで余計できなくなっちゃたんです」と、回顧している。

黒澤は、助監督の大沢豊と東映系の助監督は一切セットに入るなと厳命、大沢は「蟄居閉門になって」いる。

この「果たし状」事件で、スタジオは完全にマヒ状態になった。助監督たちは全員スタジオから締め出され、照明部は非協力でストライキも辞さない構え。そこで黒澤は一週間の休みを宣言し、冷却期間を設けた。

クランク・インしてから黒澤の酒量は日増しに増え、酒に漬かる日々だった。好きな酒だけに、ストレス解消にはよかったが、日々不満が鬱積し、つい度が過ぎた。

ある夜、アメリカとの折衝に当たらせていた助監督の松江陽一と飲んでいるうちに泥酔した黒澤は、日ごろ、能率一辺倒の米側に辟易していたのか、急に宿を出て、その足は東映撮影所の米側仮事務所に向かった。夜中で暗かったが、中に人がいるか確かめろと言って窓ガラスを割った。

酔った黒澤は、器物損害だからと警察に自首。同行した松江の証言がある。

「いやあ、あの時は黒澤さんから太秦署へ行こうと言われて、ならお伴しましょうと（笑）。直接ガラスを割ったのは僕だから（笑）」

二人を迎えに行ったのは「蟄居閉門」を言い渡された助監督の大沢である。

一説には、配給会社がちゃんと警備をしているか確かめた、との話もあるが、まさに泥酔事件であり、奇行である。

クランク・インから十日あまり、撮影の進行も遅れに遅れ、数々の奇行と数々の事件、そして撮影の遅れは、アメリカ側の不安を募らせた。

アメリカ式のスケジュールと能率主義との大きなズレは、続行に深刻な不安を抱かせた。担当プロデューサーのエルモ・ウィリアムズは、松江陽一に告げたという。

「一日、二万ドルもかかっている。そして三週間の間にこれこれしか実際の撮影が、行われていない。これでは大変困る」（「『トラ・トラ・トラ！』と黒澤明問題――白井佳夫」黒澤明集成Ⅲキネマ旬報社以下同）

米側はこの事態を踏まえ、黒澤の監督続行は不可能であり、早い時点で監督をリプレイス（交代）

しないと、リスクは更に大きくなると危惧した。ところが黒澤を死守すべきプロデューサーの青柳哲郎は、節操もなく米側に与《くみ》したのである。

助監督が全員クビになって困った松江陽一は、Ｂ班として北海道ロケで、駆逐艦に海上給油するところを撮り終えたばかりの、佐藤純弥監督に早急に帰るよう連絡した。そこで、佐藤と松江と素人同然のもう一人の助監督が急遽、黒澤の下につくことにした。

ところが水面下で佐藤を待っていたのは、米国の意を受けていた青柳だった。佐藤の証言がある。

「青柳氏は、帰って直ぐ会ったら、『黒澤さんは、演出ができる状態じゃない。監督をリプレイスする。承諾して、あなたがやってくれ』という」

そこで米側と青柳は急遽、巧妙に〝黒澤病気説〟を固め、撮影続行不可能へと事態を持っていこうとした。それを実証するために、青柳らは黒澤を精神科の医師三人に診せたのである。

監督解任という悲劇

翌昭和四十四年（一九六九年）一月二十日の撮影中断についての記者会見で、青柳が医師の判断について次のように語っている。

「主治医は『疲労はあるが、どうにかやれるだろう』、京大の先生は『四週間から八週間の入院が必要』との診断でした。もう、何らかの処置が、絶対必要でした」

黒澤は、「あくまでやりたい」と撮影続行を主張したが、

「事態が事態です。エルモ・ウィリアムズと私、青柳はこの日付（十二月二十四日）で『強度の精神

的緊張で、最初の発作につぎ二度目の発作まで見ては、中断も止むを得ません』という旨を、黒澤さんにお伝えしました」

この青柳たちの記者会見の翌日、今度は黒澤監督の独占記者会見が、同じ赤坂プリンスホテルで行われた。

この会見は、黒澤の最終提案に対するＦＯＸ側の返事を待って行われた。黒澤の提案というのは、あくまで黒澤が監督した作品を完成させたいということだったが、ＦＯＸ側は、「ノー」の返事をしてきたというのである。そこで監督を降りるにあたって、自らの弁明を語る会見となった。

「今回の破たんは、自分としてはアメリカ式の映画づくりと、自分の映画づくりの方法とが、うまく合わなかったことが最大の原因だと思っています。僕の方法とは、準備やリハーサルを何度も重ねて、そのあと一気に撮影を行うやり方です。アメリカ式のシステムとは、一日一日の日程とフィルム撮影量を、明確に消化していくことなのです」

これがまさに悲劇の最大要因だと弁明した。

続いて彼は、ＦＯＸと黒澤プロとの連名で、「黒澤は病気で辞める」旨のメッセージが流されてしまったと語り、精神医の診断について触れた。これが青柳の記者会見とはまるで違う。

「医師の診断書の件は、主治医が『そろそろ疲れが出る頃でしょう。いろいろ噂も飛んでいるし』というので、京大の先生に診て頂いたところ『あなた自体は何でもないが、何かイライラさせるようなことが起こっているのじゃありませんか』と言われたというのが真相です」

続いて、「私がノイローゼかどうかは、私が撮ったラッシュを見て頂ければ、すぐわかるでしょう」と、自らの健在ぶりをアピールした。

青柳は、「四週間か八週間の入院が必要」だと言い、黒澤は、「あなた自体は何でもない」と言われたという。

まさに「真実は藪の中」である。

青柳と結託した米側は、まるで鬼の首をとったように〝黒澤ノイローゼ説〟を前面に、監督解任の有力な証拠としたのである。

しかし、青柳は二枚舌を使い、米側は監督解任は苦渋の選択だったと弁明した。

「それまでの段階では、エルモプロデューサーもFOXのザナック社長も『偉大な黒澤の作家的生命を傷つけることになったら大変だから、何とか回復を待ってやってもらおう』という意向でした」

米側は、「果たし状」事件や「ガラス割り」事件の段階で、黒澤解任は、早々に決定し、佐藤純弥監督が北海道から帰った時には、監督リプレイスによって佐藤に内諾を迫った。しかし、黒澤を畏敬する佐藤はその依頼を断った。

十二月二十四日に解任を告げられた黒澤は激高、相当抵抗したが、FOXの態度は変わらなかった。

黒澤は一月二十一日の記者会見で、次のように悔しさをにじませた。

「シナリオの段階から三年間も熱中していた作品を、突然打ち切らされたら、映画監督などというものは、それだけで殺されるのと、同じことですよ。（中略）私の作品を一度もやったことのない青柳を信用したのは、たしかに誤算もありました。（中略）私は、やはり日本人としての私が、その中で自由に作れる仕事をやって、みなさんにお見せすることが、何よりも今後に対する、すべての疑問へのお答えになることだと思っています」

こうして黒澤は、思いの丈《たけ》をすべて言い尽くした。『トラ・トラ・トラ！』を二つの国の誤解の記録だと言ったが、黒澤とＦＯＸもまた誤解の記録であり、「偉大なエネルギーの浪費の記録」でもあった。

ＦＯＸは急遽、舛田利雄、深作欣二両監督で『トラ・トラ・トラ！』を完成したが、評判にはならなかった。

時の氏神の出現

黒澤は、ハリウッド進出が完全に失敗に終わった最後の会見から、半年後の七月二十五日、親交のあった日本映画を代表する木下惠介、市川崑、小林正樹らと「四騎《よんき》の会」を結成、記者会見を開いた。黒澤は、明るい表情で語り出した。

「あるところで木下君に偶然会い、若い人たちが一生懸命にやっているのに、おれたちも、やらなきゃしょうがない。とにかく映画を作るのが第一歩だ。さしあたって、われわれ仲のいい四人が集まろう、という事になったのが、この会の始まりです」（「走り出した四騎の会」白井佳夫、キネマ旬報一九六九年八月上旬号）

こうして黒澤は、「四騎の会」第一回作品として、『どですかでん』の撮影に臨んだ。『赤ひげ』以降、五年ぶりに彼はメガホンを持ったのである。

しかし、世界へ羽ばたくべく映画の都ハリウッドに進出したものの、『暴走機関車』も『トラ・

トラ・トラ！』も挫折。監督解任という最悪な結末、そして『どですかでん』の不評も重なり、黒澤に深い傷を残していた。その後遺症もあって、突然、自殺未遂を起こす。

その手負いの黒澤を救ったのは、ソ連だった。

三十年も温めた映画『デルス・ウザーラ』をソ連で撮るという願ってもない幸運を摑む。彼が好んでやまない大自然、そして、文明人がすでに失った美しく逞しい人間の本能にスポットを当てた人類への警鐘の物語である。

「私の映画の仕事には、その命運がかかっている重大な場合に、何時《いつ》も思わぬ時の氏神が現れる。その強運には、我ながら、驚かざるを得ない」（前掲『蝦蟇の油』）

黒澤が初めてソ連に行ったのは、昭和四十六年（一九七一年）のモスクワ映画祭に招待された時である。「世界のクロサワ」として黒澤の名はソ連でも広く知られていた。空港に着くと映画関係者から一斉に質問を浴びた。

「『クロサワさんは、いま何がしたいですか？』という記者の問いに、『森へ行きたいな』と答えた」

（「黒澤明は考えている　ノアの箱舟と若き仔羊と」松江陽一　中央公論社　以下同）

と、同行した松江陽一は記している。

「黒澤氏の乗ったチャイカ（政府要人用リムジン）は、そのまま真っ直ぐモスクワ郊外の壮大な森へ一。列を連ねて関係者一同も森へ向かったのは言うまでもない。

森の入り口に車が止まると、黒澤氏はそのまま母親の許に帰るかのように——それはまったく母の懐に飛んで帰るかのように森の中へ入っていったことである」

ソ連滞在中、黒澤はしばしば、好んで森林に遊んだ。

「少しでも暇があるとすぐ『森へ……』である。そして車のドアを開けるが早いか駆け出して、爽やかな風に乗ってどこかへ行ってしまう。同道した私や、映画人同盟のユーラが探しあぐねて途方に暮れていると、はるかかなたの叢《くさむら》の中で氏は眠っている。それはほんとうにスヤスヤ眠っている幼児そのものと言った感じであった。

風邪をひくかな、と手を伸ばした私を、目配せしてユーラが抑える。そして私たちは、クロサワを自然と一緒に置き去りにして車に戻った」

このエピソードだけで、黒澤がいかに森を、そして自然を愛していたかがよくわかる。自然に抱かれて、安心しきって眠っている黒澤。

「山の中で狩猟だけをしている原始人を描いてみたい。こんな好きな人間は、ほかにない」(「黒澤明の秘密」週刊朝日一九五七年一月二十七日号)

助監督時代に上野の図書館で出合ったアルセーニエフ著『ウスリー紀行』に感激。この時に自然人デルス・ウザーラを知る。以後、映画化を夢見ていた。

「僕はデルスのような、自然の中でただ一人で暮らしている人間、それで、たいへん自然を大事にし、尊敬もし、恐れてもいる人間、その態度をこそ、いま世界中の人が一番学ばなければならないところだと思います」(前掲「黒澤明ドキュメント」)

こうして彼は大好きな自然人デルス・ウザーラの映画づくりを、シベリアの過酷な自然と闘いながらスタートさせた。

狂気と創造の秘められたシステム

映画が公開されてから四十年後に、『デスル・ウザーラ』の撮影の全貌、製作秘話が、前掲『黒澤明　樹海の迷宮』(小学館)によって明らかになった。ここには、関係者(野上照代、ソ連側助監督・ヴァシーリエフほか)の日記などをベースに、当時の撮影の模様が詳細に描かれている。

『デルス・ウザーラ』は、モスクワ国際映画祭金賞、アカデミー外国語映画賞の栄冠に輝いている。しかし、この本によって、この映画が生まれるまでの痛ましい暗部、狂気の支配する壮絶で衝撃的なドキュメントの扉が開けられた。

三十年も温め続けた『デルス・ウザーラ』。彼は撮影に長年のコンビのカメラマン・中井朝一、スクリプターの野上照代、それに助監督二人という少人数のスタッフと共に、ソ連サイドの撮影隊とシベリアのタイガ(大森林)でクランク・インした。冬はマイナス三十度を超す極寒、夏は三十度を超す暑さ、それに蚊の大群が襲うという過酷な自然の猛威は、当時六十四歳の黒澤には堪《こた》えたはずである。そして言葉の違うソ連スタッフとの意思疎通の難しさ、粗悪なロケ宿と食料、おまけにソ連サイドの撮影機器の粗悪さ、劣悪なラッシュフィルム……。黒澤のストレスはいやが上にも溜まり、酒量が急激に増えていった。

十一月に入ると、前半のピークのハンカ湖の撮影に入る。

「このシーンの映像は映画の中で最も傑出したものにしなければならない」と、黒澤は意気込む。そのころ、彼はウォッカを一日に一瓶以上空けて、周りを心配させる。さらに、ひどい鬱になったりした。
「これまで一つとして気に入ったカットがない。こんなのカンヌ（国際映画祭）に出したって物笑いの種だよ。もう自殺するしかないぜ。終わったらダウビヘ河に身を投げるよ」（前掲『黒澤明　樹海の迷宮』小学館　以下同）

と、持っていた皿を、中井と野上に投げつけた。

シベリアで年を越した。現地での最後のシーンは、一行がソリを使って引き揚げる逆光のカット。黒澤は、「スタッフの仕事が遅い！」と癇癪《かんしゃく》を爆発させる。車の事故というアクシデントも重なって、「今まで撮りたいと思った画は、ひとつも撮れちゃいないよ！」とコンテを破り捨て、野上がわざわざ作ってきた粥の皿を、乱暴に彼女に投げつけた。それを、野上が中井に伝えると、「ノンちゃんが可哀そうだよ」と中井が泣き出した。この件は後に、「ごめんようー、ごめん！　どうしてあんなことをしたんだろう」と黒澤は謝り、「両手の甲で眼を拭きながら泣き始めた。その子供のような仕草に、野上も泣き……」。

環境は人を支配する。異常な状況下での集団ヒステリーに近かった。それにしてもあの偉丈夫《いじょうぶ》の黒澤が、子供のように泣く姿はまさに異常である。

そして、ストレス解消には酒しかない、と荒れ、さらに酒量が上がる。朝、出発時になっても黒澤の姿がない。

「黒澤が、『具合が悪いので、出発を遅らせたい』という。二日酔いが原因らしい」
「黒澤はウォッカに塩コショウをいれ、〝風邪薬〟と称してガブ飲みしている」
「朝、野上が黒澤を起こしにいくが、二日酔いで起きられない」

「黒澤の指示がくるくる変わり、発言が一定しない。撮影終了後ホテルに戻っても、『全く俺は疲れた。何もかもいやになった』とこぼす」

黒澤のストレス解消にはもう一つあった。身近に怒鳴る相手を作ることだ。『赤ひげ』の時は半太夫役の土屋嘉男。彼が怒鳴られ役になることで、現場は緊張感を高め、黒澤自身のストレス解消にもなった。

『デルス・ウザーラ』では、ソ連側の俳優やスタッフがターゲットだった。助監督のヴァシーリエフから、「クロサワさん、お願いですから怒鳴らないでください」と注文を受けた。

すると今度は、こともあろうに一番身近な中井カメラマンをターゲットにする。数々の名作を一緒に作った、同じ釜の飯を食べた戦友である。お互いに気心が知れていて、遠慮なく言いたいことが言える仲である。

第一部の最後、線路上でアルセーニエフとデルスの別れのシーンで黒澤と中井はもめた。黒澤は、「月の光で取れないか？」と提案。中井は、光量不足で撮れないと拒否する。「お前は全然冒険しようとしないじゃないか、不愉快だ！」と怒る。執拗に食い下がる黒澤に、中井もキレた。

「酔っているからって、何をいってもいいってわけじゃないぞ！　殴ってやる！　お前と勝負してやる！」

二人は、事あるごとに衝突した。現場で口うるさく注文する黒澤に、中井は反発。黒澤が怒鳴ると、中井も負けていない。しだいに黒澤が激高し、収拾がつかなくなる。

シベリアのロケも終わり、モスクワ周辺での撮り残しを撮影した時でのこと。満足しないとセットに不満をぶつけたり、腹を立て撮影放棄してホテルに帰ってしまったり、挙げ句は失踪事件を起こしたりした。これは日本でもよくあった。

撮影も終わりに近いころ、アルセーニエフ家の居間の撮影で、黒澤が、「さっさと（カメラ位置を）決めてくれよ」と催促、中井は無理なアングルだから、俳優の動きが決まらないと位置決めが出来ないと返事する。

「『無理なアングルで済みませんでしたね！』と言うなり、黒澤は持っていた小道具をその場に放り出し、ストーブの鉄棒をつかんで、『これで殴ってやろうか』と凄んで見せる。一触即発、緊張の瞬間だった」

また、みんなとの会食の時でも、黒澤は執拗に中井を責めた。まるで不倶戴天《ふぐたいてん》の敵のようだった。そして、そのストレス解消のために、毎夜、酒におぼれる。

こうした不協和音は最後まで続く。

しかし、大好きな編集になると、彼は人が変わったように生き生きと蘇る。

「黒澤が最も熱中し、好きな作業は編集だ」

「黒澤は周囲のことは眼中にないといった様子で、フィルムを振り回し、ひとり興奮して作業に没頭している」

中井は、撮影を終えて、帰国の途につく前に、黒澤のいる編集室に挨拶にいったが、冷たかった。

「黒澤は中井を冷たい態度であしらう。長い間、苦労を共にしてくれたのだから、黒澤は中井にお礼のひと言でも言うべきなのだが……。黒澤と中井は気まずい雰囲気のまま別れることになった」

なんという悪戦苦闘の日々だろうか。全スタッフに怒りをぶつけ、怒鳴り散らし、ほしい画は「一つも撮れていない！」とコンテを破り、特に女房役の中井を目の仇にして八つ当たり。相手も泣き、自らも子供のように泣き、泥酔し、常時二日酔いで、荒れ狂い、乱行が続き、疲労困憊《こんぱい》の日々。癇癪を連発し、神経がずたずたになり、挙げ句に「気持ちが腐って、今日は撮影がしたくない」「俺はもう嫌だ、日本に帰る！」「もう自殺しかないぜ！」……。

凄まじい過酷な日々、狂気で荒れ狂う日々から生まれた美しすぎる叙情詩。ハンカ湖の感動的な自然と人間との鬼気迫る対決……。神は、この苦闘の日々の代価として、あまりに美しすぎる映像を黒澤に与えた。

泥酔の日々、狂気の日々の中で、寸分の狂いもなく、磨かれた感性が息づく。その神の手によって精巧な美の世界が、クリエイトされる……。その驚くべき創造のメカニズム、神秘性に驚きを禁じ得ない。

黒澤は以後、『デルス・ウザーラ』で使用したキャプテン帽を愛用した。シベリアでの苦労を思えば、どんな困難もしのげると、遺作『まあだだよ』まで手放さなかった。

中井朝一カメラマンは、この後も黒澤作品にカメラマンとして参加している。

生命を脅かす核の脅威

「人間っていうのはね、やっぱり神に対してはある謙虚な気持ちを持っているでしょう。原子力に関しては少し生意気すぎるんだよ。自分の手ではどうにもならないものに手をつけちゃったっていうところに、この大きな悲劇がある」（『大系・黒澤明第四巻〈所収〉・黒澤明 vs ガルシア・マルケス』講談社　以下同）

南米コロンビアのノーベル賞作家ガルシア・マルケスと黒澤の対談は、貴重な内容に終始している。未来のエネルギーとして原子力にやや容認的なマルケスに対して、黒澤は断固否定を貫く。それはどこまでも頑迷であった。そこには黒澤自身の原爆に対するトラウマが、大きく関わっているように思われる。

終戦直前、黒澤は、『虎の尾を踏む男達』（一九四五年）を東宝で撮影中、八月六日に広島が、九日に長崎が原爆投下された。広島では十四万人、長崎では七万四千人、戦闘員ではない一般市民が犠牲となった。

「あんなひどいものはないですよ。人間が人間に対してすることではない。あのときトルーマンは、戦争を止めるために原爆を使ったといっているけれども……」

黒澤は、大国のこの暴挙を決して許さない。

「あんなもの（原爆）を、戦争には直接関係がない市民ばっかり住んでいるところへ、なぜ落としたの？　弁解の余地ないよ、あれは。だって、ほとんど軍部とは関係のないところにね。何で落とさなきゃなんなかったのかってことだよね」

そして、いまだ謝罪のない大国に対して、

「起こっちゃったことは、いまさらに取り返しがつかないけれど、少なくとも落とした人が悪かったというべきだと、やっぱり僕は思う」と主張する。

黒澤のこの執念は、晩年に製作した『夢』（一九九〇年）、『八月の狂詩曲《ラプソディ》』（一九九一年）の中で果たされることになる。

黒澤はマルケスとの会話の中で、核の恐怖をさらに言及する。

「だいたい人間が制御できないんだよ。そういうものを作ること自体がね、人間が思い上がっていると思うの、ぼくは。

この放射能っていうのは、半減期が何十万年っていうようなものばっかりなんだよね。そんなものを使っていいの？ もし間違えたらどうするの？ 人間が地球に住んでいられなくなっちゃうわけだよ。絶対間違わないということは、あるはずがない。人間がやっていることには、失敗というのが絶対つきまとうわけよ」

「人間はそれを十分コントロールできる」とのマルケスの楽観論に、黒澤は警鐘を鳴らす。

「過ちを犯したら、もう地球には人間がいられないみたいなことになる。チェルノブイリでは、生殖腺に影響して、八本も足がある馬が生まれたり、肛門のない赤ん坊が生まれたりしている。そんなことは許せないですよ」

そして人間不信を募らせる。過ちを犯さない人間はあり得ない。あくまでも謙虚でなければならないと、彼は主張する。

「戦争になると、キリストも天使も参謀総長みたいになっちゃうからね。本当に子供たちの将来のことを考えてやりたいね」

深い憂慮が彼を捉える。どこまでも人間を信じていこう、私たちの住む地球を決して汚してはならないという強い信念、決意は、そこから生まれてくる。

黒澤の作品歴の軌跡の中で、生命を脅かす核に対する、やや過敏な反応が際立っている。

戦後、東西の冷戦が始まり、米ソは軍拡競争に入った。両国は覇権を争って核兵器開発にしのぎを削り、水爆実験に乗り出した。昭和二十九年（一九五四年）三月、アメリカは南太平洋のビキニ環礁で水爆実験を強行、その〝死の灰〟は日本列島にも降った。

黒澤が親友で音楽家の早坂文雄を訪ねた時、「こう生命を脅かされちゃ、仕事はできないね」（前掲「全自作を語る」以下同）と話してきた。病弱な早川の言葉には説得力があった。

「次に会った時、僕が、おい、あれをやるぜ、と言ったら、早坂は、大変なことだよ、と驚いていた。『生きものの記録』は、その時に始まったんです」

黒澤は、世界で唯一の被爆国の日本人として、このまま黙っていていいのか、日本映画のリーダーとして沈黙していていいのか、と憂いた。言論界は依然として沈黙を続けている。黒澤は、ジャーナリストの一人として不退転の決意で、真正面からこの死の灰と取り組んだ。

「これは、いろんな人から、風刺的に描いたらいいじゃないかと、というようなことを言われた。風刺、それは僕だって一番先に考えつくことですよ。（中略）

もちろん、これを風刺劇に仕立てれば一番格好としては良くなるでしょう。それは判ってる。だが、僕たちとしては、将来エンマの庁に出た時、われわれは『生きものの記録』を作りました、と言えるような作品を作ろうじゃないかと言い合って始めたことなんだよ。支離滅裂なものになっても仕方はない、ともかく言わずにおられないことを、言おうじゃないか、という作品ですよ。それをどうして、悟りすまし、隅から隅までわかったような顔をして風刺などできますか」

黒澤は、放射能禍の現実にストレートに挑んだ。直感的に危機を察知する主人公（三船敏郎）は、原爆の脅威から逃れるため、家族ぐるみの南米移住を計画。しかし、移住に反対する家族との確執が原因で、彼は発狂してしまう。病院に隔離された彼は、その部屋から見える太陽を「地球が燃えとる！」と叫び続ける……。

黒澤は、「不運な作品だった」（前掲「ユーモアの力・生きる力」）と述懐する。

「僕はほんとは一番好きな作品なんです。あれは僕の作品では一番（観客が）入らなかった作品なんです。だけど、あれは僕の作品としても好きなんです」

原爆への激しい怒りが作らせた作品だが、観客への共感とはならなかったのである。

「世界で唯一の原爆の洗礼を受けた日本として、どこの国よりも早く、率先してこういう映画を作るということは、当然だれかがやるべき仕事だったのじゃないかな」（前掲「黒沢明・その作品と顔」）

黒澤の危惧が現実に……

黒澤は最晩年、『乱』を作り終わって、御殿場の別荘で休養をとっている時、ドストエフスキーの夢に関する言及（『罪と罰』）を思い出し、それがきっかけで『夢』（一九九〇年）が生まれた。

この『夢』は、「心の奥にしまってある恐れ」を夢という天才的な表現を通して、その恐怖を存分に描いた映画である。黒澤の憂いは強く、濃い。

彼は次々に自分の見た夢を中心に構想を練ったが、最終的に八つの夢が候補に残った。その中に重要な二つの夢がある。一つは原発が爆発し、富士山が溶解する「赤富士」、もう一つは放射能汚染の恐ろしい風景「鬼哭」である。

『夢』では、僕の心の一番奥にしまってある恐れを、みなさんに見てもらえると思います。最近、盛んに取り上げられている環境の破壊というのは、かなり以前から僕のテーマでした」（前掲「インタビュー AKIRA KUROSAWA」）

八十歳の黒澤は、地球環境の汚染に最も強い関心を懐いた。

「この地球が、自然がなくなっちゃったら、人間もいなくなっちゃうでしょう。それに対する心配っていうのかな、危惧っていうのか、そういうのを絶えず僕は持っている」（前掲「故郷は地球」）

それだけに『夢』の「赤富士」と「鬼哭」には強い思い入れがある。「赤富士」は六基の原発が次々に爆発、その膨大のエネルギーで富士山の溶解が始まる。群衆はパニックとなって逃げ惑う。海岸に追い詰められた民衆に色のついた放射能の霧が襲いかかる。まさに地獄絵図である。

それから二十一年後の平成二十三年（二〇一一年）三月十一日、東日本大震災が起こった。東京電力の福島第一原発は地震と津波で甚大な被害を受け、原子炉はメルトダウンを起こし、深刻な放射能汚染が周辺に広がった。この映画が現実となった。黒澤の危惧、先見の明に改めて驚く。

黒澤は、映画の中で赤ん坊を背負った母親に、こう叫ばせる。

女「でもね、原発は安全だ！　危険なのは操作のミスで、原発そのものに危険はない。絶対ミスを犯さないから問題はない、とぬかした奴らは、ゆるせない！　あいつらは、みんな縛り首にしなくちゃ、死んでも死にきれないよ！」

黒澤は『夢』の準備のために、核に関してかなりの勉強をした。彼の創作ノートに思索の跡がある。

○天変地異は人間にはどうにもならない。地震や暴風や火山の爆発は人間にはどうにもならない。それなのに人間は核などという人間の手に負えないものと遊んで、どうにもならない危険を招こうとしている。それもこれも人間が贅沢になり過ぎて、素朴な自然の生き方を忘れてしまったからさ。
○間違えたらおしまいだというのに、絶対間違いはないなんて言える奴は気違いだ。
○人間のやることに絶対はない。人間は、絶対間違わないと言いながら、間違いばかりやってきた。

「鬼哭」は、地球の恐るべき終末風景である。これは神をも恐れない人間の愚かさと貪欲が招いた世界であり、神の怒りによって滅ぼされた、生きとし生けるものが消滅した世界である。黒澤が最も恐れた放射能禍で生きものの姿が消えた荒涼とした風景である。

この死が覆う殺風景の中で、私たちは二つの異様な風景に出会う。

一つは遺伝子異常による巨大なタンポポであり、いま一つはかつて貪欲に生きた廉《かど》で、その責苦を負って鬼と化した人間共である。鬼という怪物にはどこか滑稽さと悲しみとがある。黒澤は夢という表現を通して、人間の驕《おご》りから生まれる血の池を現出。それは、人間の驕りが招いた地獄絵そのものだった。

『八月の狂詩曲《ラプソディ》』（一九九一年）もまた、核が引き起こした人類の悲劇である。長崎の原爆で夫を失ったおばあちゃんと孫たちとのひと夏の出来事を淡々と追ったドラマである。原作の『鍋の中』（村田喜代子　文藝春秋）を脚色しているうちに黒澤は、どんどん原爆に主題を絞っていった。孫たちとの交流を通して、原爆の真の恐怖をあぶりだした、核への警鐘の映画である。

昭和三十九年（一九六四年）の東京オリンピックの記録映画の総監督を黒澤が引き受けたことがあった。撮影経費の面で、折り合わず結局降板したが、黒澤はイメージを膨らませ、開会式のセレモニーを独自に考えた。

当時、彼と行動を共にした松江陽一の証言がある。

「オリンピック・スタジアムの電光掲示板に『ノー・モア・ヒロシマ』って字が浮かぶんだ。地獄の業火じゃなくて平和の火を、と。同時に、競技場の周りにステレオのスピーカーをぶら下げた沢山の気球からベートーベンの『第九』の「歓喜」をワーッと流す。そういう案があった」（「異説・黒澤明」文藝春秋編）

天上からベートーベンの荘厳な「歓喜の歌」が流れる中、電光掲示板に「ノー・モア・ヒロシマ」の文字が浮かび輝く。その映像と音楽が、全世界に同時中継される……それが黒澤の東京オリンピックの開会式セレモニーのイメージだったのである。

しかし、それは実現しなかった。

黒澤にとって、ヒロシマの過ちは決して繰り返されてはならないというメッセージであり、それは唯一の被爆国である日本からの平和のメッセージなのだったが……。

そして、黒澤明が亡くなって二十年の歳月を経て、ＩＣＡＮ（核兵器廃絶国際キャンペーン）が、ノーベル平和賞を受賞した。もし、黒澤が生きていれば、彼の目にはどう映ったのだろうか。この国際的動きに、賞賛の声を真っ先に上げたのではなかろうか。

《**参考資料**》

㉙ダリル・F・ザナック（一九〇二〜一九七九年）：米国の映画プロデューサー、脚本家。二〇世紀フォックスの副代表として、多くのヒット作品に携わった。代表作に『わが谷は緑なり』『紳士協定』『イヴの総て』（三作品はアカデミー作品賞を受賞）がある。そのほか、『怒りの葡萄』『キリマンジャロの雪』『頭上の敵機』『史上最大の作戦』など多数。

最終章

限りなき優しい魂

遺作『まあだだよ』で真の師弟愛を描く

遺作『まあだだよ』撮影中の黒澤明（東宝撮影所、1992 年）　提供・黒澤プロ

新たな境地への挑戦

さまざまな映画づくりの制約、自らも作り上げてきた方法論、それらから一切解放された自由の境地で、映画を作ってみたい――。

「枯れるとか、わびとかさびとか言ったって、利休が言っていたわびというのは、いま一般に言われているものだったかどうかは疑問だね。

ほんとうは、もっと余裕をもって、あんまり突っ張らないでぐらいのことなんじゃないかと思うね」(前掲「インタビュー AKIRA KUROSAWA」)

黒澤は好きな富岡鉄斎や能を持ち出す。

「絵なんかを見ても、ある境地までいった人を見ると、決してそんなに枯れたっていう感じじゃないよね。枯れた境地というと、大変、年よりくさくなって、何もしない。派手なことをしないで、ごく地味にしていくみたいに考えるけど、そうじゃない。鉄斎なんて、八十以上になったら、急に花が咲き出したみたいに、実に華やかな絵になっているんだよね、実に豊かになってきてさ。

能なんかでも、例えば八十歳以上になると、ある約束事を破って、自由にしてもよくなるんだよね」(同前)

黒澤は今までの方法論を超えたもので、更なる境地を目指そうとした。

黒澤映画は晩年まで一貫して、強くて勇敢で恥を重んじるサムライをヒーローに据えてきた。しかし、夏目漱石門下の内田百閒《ひゃっけん》は違う。

「自分の弱点を隠さないんですよ。さらけ出しちゃう。それに打たれるんですよ」（「内田百閒が面白い」小説新潮一九九三年四月号）

黒澤は、百閒とは真逆の生き方をしてきた。彼の映画は弱みを見せない強者ばかりの映画である。しかし、肩肘張って禁欲的に生きて来たのがサムライならば、自分の弱点を晒《さら》し、真っ正直に生きるのもサムライではないか。そうした凛《りん》とした生き方が百閒にはあり、そのあまりに人間的な百閒に黒澤は魅了された。

「生まれっぱなし、というか。なかなか、ああは行動できない。わがままであるけど、自分に対して正直なんだよね」（「日本映画は死なず」週刊宝石一九九三年四月号）

自由に奔放に新しい境地に遊ぼうとした黒澤の視野に、やっと百閒が入ってきたのである。

先生と門下生との交流、このアングルなら映画になると、書き出すと十七日間でシナリオが出来上がった。師弟愛が濃厚に出て、自然に現代の教育批判に繋がっていった。

内田百閒は、法政大学でドイツ語の教官として教鞭をとったが、昭和十八年（一九四三年）に大学を辞し、作家活動に入った。『まあだだよ』は、彼を慕う門下生との長い交流の物語である。ドラマは、先生の誕生会「摩阿陀会《まあだかい》」と、先生の愛猫ノラの失踪事件が中心となって、織りなされる師弟愛である。

「もういいかい」と問えば、まだ存命なら先生が「まあだだよ」と応える、これが誕生会の命名である。第一回の「摩阿陀会」は百閒（松村達雄）六十一歳の誕生日。三十数人の門下生が集まって、ユーモアと童心と無邪気が横溢。

黒澤もロケに出ると夜の宴会で、彼の指揮で俳優やスタッフの輪唱が始まる。「郭公ワルツ」や

「聖者の行進」などが歌われる。童心の人なのである。
「摩阿陀会」では、「オイチニの薬屋さん」が歌われ、みんな列を作って踊り出す。次々に奇抜なアイディアでふざけ合う。突然、鉦《かね》の音、チーン！　和尚を先頭に死者を担いだテーブルが登場。「あれは誰かね？」と百閒、瞬間、白布をはねのけ、門下生・甘木（所ジョージ）が踊り出す。「まあだかい？」と全員、百閒、あわてて「まあだだよ」。全員、総立ちで踊り出す。ここには打算や欲得で結ばれた人間関係はない。純粋で、何か大切なものが流れていて、胸を打つ。師弟そろって金無垢《きんむく》なのである。

　このマスシーンを黒澤は、従来にないカメラワークで撮ろうとした。
「そこで起こっていることを何気なく撮ったような自然な感じに撮りたいなと思い、そこに苦労しましたね。みんなを動き回らせておいて、カメラを長い間、回し続けて撮りました。摩阿陀会のシーンは、三つのカメラが勝手に動いて、勝手に撮っているんです。それを後で編集するわけです」（「話題作『まあだだよ』マリ・クレール一九九三年五月号）

　究極の撮影法であり、臨場感が溢れていた。

　事件が起こる。愛猫ノラの失踪である。身も世のない態《てい》の百閒。
「私は馬鹿だ。からっきし駄目な奴だ。ノラがいなくなってから、ノラのことで頭が一杯になって、何にもできない」と告白。

　門下生たちの前でも無様《ぶざま》な姿を晒す先生の姿は、黒澤の目にはどこか尊い姿のように映る。八方手を尽くすが、見つからない。悪意に満ちた情報が内田を責める。人の悪意を描くことで、門下生たちの善意が光ってくる。

そんなある日、庭に黒い斑《まだら》の猫が迷い込む。奥さんがエサを与えたりしているうちに居付いてしまい、尻尾が短いのでドイツ語でクルツ（短い）と名付ける。

しだいに元気を取り戻す先生に、安心した門下生たちが集まり、宴となる。

先生は『因幡《いなば》の白兎』の神話をもちだし、皮をむかれて赤裸の「私は、ずーっと因幡の兎だった」といい、「傷ついた兎が大黒様に助けられる話だよ……その兎は私だ……。そして、大黒様は誰だろう……誰でもない……それは、君達だよ」

先生、酔いも手伝って大声で歌い出す。

〽大きな袋を肩にかけ
大黒様が来かかると
ここに因幡の白兎
皮をむかれて赤裸

師弟愛、夫婦愛、そして動物愛が重なって、しみじみと胸を打つ。

ラストは、最後となった「摩阿陀会」にすっかり白髪となった内田百閒先生は奥さんと、門下生も家族ぐるみで参加。小振りのコップでビールを、なんとか飲み干し、「まあだだよ！」。いつもの返礼に割れんばかりの大拍手が起こる。七十七歳、喜寿の祝宴である。

門下生の孫たちが花束とバースデーケーキを運ぶ。

するると、「言いたいことがある」と、孫たちを前にして、先生が語り出す。

「みんな、自分の本当に好きなものを見つけて下さい。見つかったら、その大切なもののために、努力しなさい。きっとそれは、君たちの心のこもった立派な仕事になるでしょう」

内田先生のこの人生観は、人間がこの世を生きて行くための一番大切なことであり、黒澤の持論でもある。

門下生が、「久し振りに、オイチニをやりましょうよ」と促すと、先生は、テーブルに前のめりに倒れる。「先生、先生！」と門下生。不整脈の発作である。急遽、門下生に抱えられ会場を去る時、誰からともなく口をついて出た「仰げば尊し」の唄声が会場を覆う。

先生の家——

門下生・甘木らが徹夜の構えで一升瓶を囲み、寝室に眠る先生の様子を見守る。「先生はどんな夢をみるのかな」と慮《おもん》ぱかる門下生に、甘木は自信ありげに言う。

「夢も金無垢だよ、きっと」

先生の夢——夕焼け空を背に子供たちが藁ボッチに隠れながら、「もういいかい」「まあだだよ」と、隠れん坊遊びに夢中。

黒澤のシナリオには、こう書かれてある。

「その大空の微妙に変化する光と影の色を見ていると天上の天使たちが奏でる、賛歌を思わせる音楽が聞こえるような気がする」

最後は死の床にある金無垢先生の脳裏に浮かぶ神々しい夕景である。映画一筋に生きた黒澤もまた金無垢監督だったのではなかろうか。

黒澤の監督生活の最後を飾るにふさわしい作品となった。これまで、随分映画づくりを堪能した黒澤も、天国で「もういいよ」と言っているに違いない。

天の声――神々の存在

「神の問題です。ハッタリで申し上げるんではありません。これはどんな人にとっても、根本問題だと思うんですが、日本の作家や映画人は、ほとんど真剣に取り上げていない」（前掲「黒澤明監督と語る」『丸』以下同）

評論家・隅田一郎から、現在あなたが考えている「一番大きな問題は何でしょうか」と問われて、黒澤は開口一番「神の問題です」と答えた。日本人で、ストレートに「神」と答える人は滅多にいない。無宗教派が多い日本人は、言葉を濁すのが精いっぱいである。

戦後間もない時期、新進の映画監督・黒澤にとって、敗戦で焦土と化した日本は願ってもない活躍のフィールドであった。それはまさに神からのプレゼントであり、試練の場であった。既成の価値である天皇制や軍閥がもろくも崩壊し、与えられた放縦《ほうじゅう》な自由は秩序を混乱させた。今こそ新しい価値観が求められ、マスコミの王者であった映画に携わる人間として、彼は強い使命感を感じた。

彼は制作ノートに、思いの丈《たけ》を獅子吼した。

「新しい時代は新しい人間の創造を求めている。我々は新しい時代の新しい課題を解決すべき、新しい人間として自己を形成しなければならない」

戦中、神社の前で頭を下げていた人たちが、戦後、簡単に無神論者になり、赤旗を振ったり、民主主義のレッテルを張って安心している。彼らは皆、根無し草で信用ならない。だから日本映画に登場する人物は、映画館から出たら忘れてしまう人物ばかりである。

「せめて晩飯を食べた後でも、話題になるぐらいの人物を作りたい」

「敗戦後の混乱した社会に取材した私のいくつかの作品も、自分自身に忠実な人間を主人公として、このような自我の追及を中心に作られてきた」（「黒澤明・芸術を語る」映画新聞一九五〇年七月号以下同）

これらの主人公には、一つの本質がある。

「どんな荒んだ人間の心の中にも、人間であるからには持っているにちがいないヒューマニズムがあるはずだ。それは苦難な現実に敗北して、泥まみれになり、みわけもつかぬように汚れているかもしれない。だが、それはあるのだ。私はそれを描きたい」

それは最も純粋な形での人間性、「人間の最も神に近い部分」が現れる、と彼は言う。

その神に近い本質、黒澤は、先にも記したが畏敬してやまないドストエフスキーを通して、それに迫った。それは「限りなく優しい魂」だという。

「それはおそろしいほどやさしい魂だ。当たり前の人間なら目をそむけてしまうような苦悩の中にも自ら入り込まずにはいられないほどのやさしさだ。そしてドストエフスキーが、そのような天才の愛情を傾けたからこそ、あのような人間探求もできたに違いない」

終戦後のあの混沌、その逆境の中でも人間は人間らしい本質、ヒューマニズムを持って生きている、それは黒澤の人間への強い信頼であり、人生肯定である。

その人間の本質、それは「限りなくやさしい魂」である。黒澤はそれに迫ろうとして、戦後作品の主人公たちにそれを託した。

「人間の最も神に近い部分」と黒澤は表現したが、どんな人間にも心の本質には聖域があって、それが人間を人間らしくし、矜持《きょうじ》を持つことができる。

それを黒澤は、主人公たちに愛の行為者として、具象的に生き生きとしてリアリティをもって描くことに成功した。彼らの姿は、崇高で、どこか神々しく、その無償の愛の行為は深い感動に誘う。

『羅生門』では、ラストに、杣《そま》売りの男による人間への信頼を取り戻す重要なシーンを加えた。

『生きる』では、ガンと闘いながら、残された時間をベストを尽くして生きる主人公が、三文文士に歓楽街へ誘われ、バーのママに紹介される。「この人は胃ガンという十字架を背負ったキリストだ」と。

『七人の侍』では、勘兵衛ら七人の侍が、野盗から村を守って闘い四人が殉死する。七人の無償の愛が、農民たちを救う。

そして、黒澤は、『赤ひげ』で、神の属性としての愛に辿り着く。黒澤がやっと創造した理想の人間像をここで描いた。

以後、彼は人間の愛というフィルターから自由な立場で作品を作り続けて、自らのライフワークとして『乱』を作った。

「天の視点から、人間のやっていることを、俯瞰の目で描きたい。人間そのものがもっている業みたいなもの。どうしても切り離せない人間の悲劇みたいなもの、それがテーマだろう」(「黒澤明『乱』語録」キネマ旬報一九八五年七月上旬号)

戦後の作品は「人間であるからにはもっているにちがいないヒューマニティ」（前掲「黒澤明・芸術を語る」）に焦点を合わせ、そこに「人間の最も神にちかい」（同前）ものを描こうとした。しかし、『乱』は天の視点で人間の醜悪な悲劇を、その真実を描こうとした。

営々五十年をかけ、この地方一円を治めた一文字秀虎（仲代達矢）が息子太郎（寺尾聰）に家督を譲ることから、悲劇は始まる。親を殺し、兄弟を殺め、権力を奪い合い、恨みや嫉妬で殺し合い、血で血を洗う修羅の世界が展開する。黒澤は、最後に秀虎の側近の丹後に、叫ばせる。

「泣いているのだ神や仏は！いつの世にも繰り返すこの人間の悪行、殺し合わねば生きてゆけぬ人間の愚かさは、神や仏も救う術はないのだ！」

肯定的な人物の三男三郎（隆大介）、次男の奥方の末の方（宮崎美子）も殺されてしまい、救いは一切ない。まさに希望も救いもない醜悪無残な悲劇である。黒澤は、言う。

「決して絶望的な現実を直視するのは、ペシミストではないんです。目をそらすのがペシミズムであって、現実を直視するのは積極的な態度なんだよね」（前掲「故郷は地球」）

やや苦しい弁明だが、黒澤はこの世を統《す》べる大いなる意思と秩序の存在を「天」として、その視点から人間の愚かさを見ようとした。彼は「天」を神仏とし、その本質は「慈悲」の限りない光であり、具体的には「愛」であり、愛に生きる行為者である。神とは無償の愛であり、ここに黒澤独自の思弁がある。

黒澤は、創造という神の聖域に踏み込む人間として、きわめて謙虚である。ものづくりの人間として強いモラルを自らに課し、全身全霊で仕事に賭け、そこから彼の完全主義者の顔が見えて来る。

人為の及ばない神域に迫る気迫が、さまざまなエピソードを生む。

黒澤は映画づくりの流れ、そのシステムを大きく変革し、従来の日本映画になかったものを新しく加えた。その最大のものは最初のリハーサルと、最後の編集作業である。

日本映画には、リハーサルそのものがなかった。監督と俳優が会うと、いきなりセットで簡単な打ち合わせを済ませ、撮影本番になる。

先にも記したが、『羅生門』の時、黒澤は他社の大映で仕事をした。看板女優で大映の秘蔵っ子の京マチ子が主演女優として参加、彼女はリハーサルに度肝を抜いたのは有名な話だ。

欲しいものが強烈なだけに、つねに撮影現場は強い緊張感に包まれる。俳優に五十人前後の技術スタッフを指揮、全員を一種の催眠術をかけながら欲しいイメージをフィルムに刻んでいく。彼はエネルギッシュに怒鳴りながら、撮影していく。

黒澤の方法は、まず演技を固める。そして撮影、録音、照明を固めていく。しかし、現場はそれぞれの思いが交錯して、一種のカオスになる。そこで黒澤が大声で怒鳴る。

現場が修羅場と化し、怒鳴り散らす監督のため、助監督がすべて目の前から消えてしまうという珍事までよく起こった。

これだけ周到に撮影を進める黒澤だが、予期せぬ現場のハプニングで内容がガラリと変わる、そんなプラスアルファを貪欲に待つ。

「黒澤さんは、世阿弥の、一点一画もゆるがせにしない形を作っているうちに、ある時、何か飛躍したものが出る。という言葉から、自分の仕事のやり方についても『これだけ、たんねんに一つ一つ作っていけば、何か感動するものが現れるはずだ』と言われることがある」（前掲「全自作を語る」）

彼は人智を超えた力には、きわめて敏《さと》い。『七人の侍』で、最後の豪雨の中の撮影の時は罵声を浴びせて指揮していた。

「僕は、別にだれかがいやだからいってるわけじゃない。意地悪でいってるわけでもない。なにかにぼくが命令されてやってるわけだからね。

天の声みたいなものがあるね。いっしょにやってるみんなになにかが乗り移ったみたいになるんだね」（前掲「映画にとって音楽は毒薬だ」）

神の心と技が、なぜか黒澤には敏く看取《かんしゅ》できるのである。予期せぬ成果や果実が、彼の仕事に、ごく自然の恵みのように、慈雨のように降りかかる。その彼にも、お手上げのことがある。

「頭でこしらえた人物は、本当にいる人物にかかったらとうてい太刀打ち出来ない、ということなんだよ」（前掲「全自作を語る」）

この謙虚さが黒澤の完全主義、異常な粘りを生む。この謙虚さが、黒澤映画の創造の母なのである。これがある限り、神の寵愛は尽きることがない。

巨人のおだやかな死

「やっぱり、死というものを考えないわけにはいかないでしょう。死ぬとき、ジャタバタするのは嫌いだし、そのためにはどうしたらいいかと言ったら、これ以上は働けないと言うだけ働いて、やるだけのことをやったら、少しゆっくりしたいなという心境で、死ねると思うんですよね。子供だとか、若いものが死ぬのは困るけど、みんな年の順に死んでいくのは、理想じゃない」（前掲「故郷は地球」）

この会話の二カ月前に公開した『夢』の最終話「水車のある村」で、黒澤は老人（笠智衆）に託して死生観を語る。

豊かな水流のわき道から陽気に弾むような音楽が流れてくる。初めて訪れた「私」は、「今日はお祭りがあるんですか」と、水車を修理していた老人に聞くと、「いや、あれは葬式だよ」と応える。怪訝な顔をする「私」に老人は、

「あんた、変な顔をするが、本来、葬式は目出度いもんだよ。よく生きて、よく働いて、ご苦労さんと言われて死ぬのは目出度い」（シナリオより）

『夢』公開から八年後、黒澤は八十八歳で、輝かしい偉業を残して、華やかな生涯を静かに閉じた。

『まあだだよ』を撮り終えると、黒澤はあまり日を置かずに次回作に取り組んだ。こんこんと湧きでる泉のように、創造の泉は枯れることはなかった。再び山本周五郎もので、しかも岡場所（遊女屋）ものである。

黒澤が今まで足を踏み入れなかった世界であり、興味を示さなかった世界である。山本周五郎は、庶民を、特に下層階級に光を当て、寄り添い、愛情をもって描いた作家である。黒澤は、年を重ねるに従い、そこに惹かれるようになった。

山本周五郎の原作から『海は見ていた』[30]に取り組んだ。体を売って生きる遊女がヒロイン。客に惚れることはご法度の世界。その掟に抗して生きようとする女の哀切……。黒澤は「女を描くの

が下手だと言われたから、死ぬ前に一度女の映画を」と、はじめて女を描こうとした。創作ノートに「山本周五郎の文学――その下町ものの美しさを究める」と記し、三週間でシナリオを書き上げた。

『夢』以来、黒澤映画のプロデューサーとなった息子の久雄が製作を担当。交渉をすすめている間、黒澤は溢れるイメージを絵コンテとして描き続けた。

その創作ノートを見ると、その入れ込み方が尋常ではない。

「先ず、粋に行きましょう。時は江戸、場所は深川、生粋の江戸っ子たちの本場です。女も男の髪型も小ぶりで、あまり油をつけない水髪、女の化粧も上方と違って薄化粧です」

絵コンテは、遊女たちの普段のたむろしている姿、通ってくる侍たち、町人たちの姿、そして、女たちの様々な髪型、手ぬぐいをいろんな形で被る男たちと、当時の雰囲気を詳細に再現している。

「とにかく、これは江戸の話――江戸の空気と匂いをたっぷり出しましょう」

その溢れ出るイマジネーションに圧倒される。

しかし、思わぬ障害により、この企画は頓挫する。ラストの洪水シーンで莫大な費用がかかることがわかり、製作費の資金繰りがうまくいかなくなったのだ。

黒澤にとって、イメージも熟し、準備も着々と進められてきただけに、その落胆も大きかったはずだが、周囲に、そんな様子は微塵も見せなかった。

そして「もう一本やりたいものがある」と、息子・久雄に伝えた。同じ山本周五郎もので『雨あがる』[31]である。

浪人は剣の達人。望めば栄達が思うに任せたが、他人の地位を脅かすのを嫌い、妻と一緒に流浪の旅に出る。自分の不運を潔しとして生きる善意の化身のような男の、不器用だが凛とした生き方を魅力的に描いている。黒澤の最晩年の末期の眼には、この潔さがたまらない魅力と映ったのかもしれない。

黒澤は、さっそく京都の旅館・石原に出かけた。順調に書き進めて一カ月。書き終えるばかりになった時、それは起こった。平成七年（一九九五年）三月の事である。

早朝、「ドスン！」と二階で音がして、家が揺れた。宿の石原ご夫妻は、異変を感じ二階へ急いだ。ベッド脇の襖がはずれ、そこに巨体の黒澤が倒れていた……。

二間続きの日本間で、大広間は書斎に使い、入り口の部屋にベッドを入れて寝室に使っていた。『デルス・ウザーラ』以来、足が弱くなり、一八二センチ、八十キロの巨体は、時として支えきれなくていたのであろう。

黒澤は娘の和子に、

「ちょっと転んでしまったが、大袈裟にするほどのことはないから、一段落したら孫の顔でも見せに来い」（前掲『パパ、黒澤明』以下同）

二日ばかり安静にしていたが、痛みを訴えるようになり、同行していた助監督の小泉堯史《たかし》の手配で、市内の病院に入院する。

「ついに恐れていた日が来てしまった」

気の強い和子だが、京都駅に着いた時には、足が震えていたという。

診断は、脊椎の下部と足の圧迫骨折であった。相当の重傷で、長期にわたると判断した和子は、兄・久雄に迎えを頼んだ。

東京では即刻入院。すべてはマスコミに知られないための隠密行動だった。その入院は三カ月続いた。

「父は体力が落ち、高熱が下がらない。私は時々息苦しくなって、一階に駆け下りては外の空気を吸った」

入院を嫌い、家に帰りたがっている父。和子にとっても苦しい日々であった。ある日、続いていた高熱が下がってきた。和子は、「今だ！」と決断、父を退院させた。

帰宅先は、引っ越したばかりの成城四丁目の新しいマンション。これが黒澤の終《つい》の棲家《すみか》となった。

幸い家の前に救急医が住んでおり、毎日の往診をお願いすることができた。

寝たっきりの父の健康を回復させるためにと、和子は料理の腕を振るった。

「何時も元気だったこの人に、口にものを運んで食べさせることは、悲しくもあったが、父はもっと悲しかろうと、テレビを見ては冗談などを飛ばしながら、一口でも多くという以外何も考えず、毎日を重ねた」

介護といっても、プライド、美意識の強い黒澤は、娘といえども下の世話などは許さなかった。

「私に老いさらばえた体を見せることなど許さない。尚のこと下の世話など、側へ行こうとすれば、ピチャリと手を払いのけて、あっちへ行っていろと怒鳴り出す。体位を変えることにさえ手を出させない」

そこで介護専門の人を依頼する。

和子は三人の子供を抱えていたが、毎日通って食事の世話をした。ただ強い父を見続けてきたが、日々、ベッドと車椅子の父は、確実に老いていった。

「黒澤明も人間なのだ。年老いた日々を、気楽に生きてもよいではないか。父を見ていると、そんな思いがしきりに募った」

京都で倒れた時には、シナリオはあと三ページで完成というところだった。入院している時、『雨あがる』は「時間がたつとつまんなくなっちゃったから、もう一本書こう」と語り、退院後は自宅で本を読んだり、調べたりしていた。和子は、そうした意欲が返ってくるのを密かに待った。それが健康回復にも繋がると信じていたが、もっと「気楽に生きてもよいではないか」といった心境にもなっていた。

誕生会やクリスマスは黒澤組の面々も集まって盛況に過ごし、車椅子の黒澤を励ましたが、意欲に燃えていた往年の姿は、そこにはなかった。

一方、長男・久雄は、黒澤プロダクションの維持のため、『まあだだよ』などの父が残した借財問題、九州の伊万里での黒澤記念会設立など、多忙を極めていた。

その間、黒澤は、不自由な身体のため車椅子で過ごすことが多くなった。

「映画が撮れなくて悔しいとか、苦しいとか、そういうふうには全然見えませんでした。自分が転んでしまったことは、割り切りができていて、〝神様がくれた休日〟という感じで、ビデオで映画を見たり、大好きなアメリカンフットボールをテレビ観戦したり。出ようと思えば、表に出られる状態でした」

黒澤の生涯を振り返ると、ピンチには「何時も思わぬ時の氏神が現れる」（前掲『蝦蟇の油』）と、自らの強運を自伝に記している。

「私の映画の仕事には、その命運がかかっている重大な場合に、何時も思わぬ時の氏神が現れる。

その強運には、我ながら、驚かざるを得ない」（同前）

しかし、今度に限ってその氏神は現れなかった。黒澤はその運命を潔く甘受したのかもしれない。

和子は、車椅子でいいからみんなの前に出よう、インタビューを受けよう、車椅子でも映画は撮れる、とさかんに勧めたが、「なにしろカッコ悪いのが嫌い、それが父の美意識だったと思います」（前掲「パパ、黒澤明」）と、人前を避けた。永遠の美丈夫《びじょうふ》であり続けた黒澤の矜持であった。

その点、久雄も同じように語っている。

「映画が撮りたい、などの愚痴は一切言いませんでした。体が弱るにしたがって、意欲も自然に消えていきました。すべて自然に生きていました」（著者インタビュー）

ずっと座ってる生活で体力は落ちていった。しかし、好きなウイスキーだけは欠かさなかった。

「八十を過ぎても興にのれば一本の八分目は飲んだ。最晩年でも一日水割り三杯、息を引き取る前日まで映画界だけでなく、ウイスキー業界に表彰してもらいたいほどの飲みっぷりでありました」（前掲「黒澤明の食卓」）

京都で転倒してから約三年半、平成十年〈一九九八年〉九月六日、午後〇時四十五分、「眠るようにスーッと、全然苦しみませんでした」（前掲『夢は天才である』文藝春秋）

これは、最期を看取った和子の証言である。

無宗教の黒澤家では仏式のお経もなく、ただ献花だけ。後にお別れ会をするという事で身近の関係者だけが見送った。

棺の中の黒澤は、『デルス・ウザーラ』以来、撮影で愛用していたキャップテン帽とサングラス姿。それは、彼が一番愛した撮影現場の出で立ち姿であった。

「ロシアでかぶっていた帽子をその後はいつもかぶってましたから、どうしてと聞くと、『あんな撮影ができたんだから、それを思えばどんな映画だって撮れると思って、それでかぶってる』。お棺の中でも、その帽子をかぶらせて、愛用のサングラスをかけました」（同前）

長年、助監督を務めた出目昌伸の証言がある。

「ベッドに横たわった黒澤さんは、ひっそりとおだやかで、かつてオープンセットを闊歩されている偉丈夫の面影はなかった。寂しかったが、それだけ安らかな最期だったのだろう。

堀川（弘通）さんと立ち会った骨揚げの折、純白で強直そのもののご遺骨に、理由もなく安堵し、感慨もひとしお深かった」（前掲「映画監督」一九九八年十一月号）

黒澤の墓は、鎌倉の安養院にあり、喜代夫人と一緒に葬られている。

人生は短し、されど芸術は長し。黒澤明の映画は、これからもレジリエンス（困難を乗り越える力）と希望の存在として、輝きを増していくことに違いない。

《参考資料》

㉚『海は見ていた』：脚本・黒澤明。黒澤の遺志を継いだ熊井啓監督の手によって映像化が実現した。二〇〇二年七月公開。若き侍・吉岡秀隆、娼婦お新・遠野凪子。黒澤のお新のイメージは、宮沢りえだった。脚本も渡されていた。

㉛『雨あがる』：長年、助監督として黒澤の側で尽くした小泉堯史に、と黒澤久雄からの強い要望で映画化が実現、黒澤組が再び集結した。二〇〇〇年一月公開。出演者・寺尾聰、宮崎美子ほか。

あとがき

黒澤明監督が亡くなってから、はや二十年になる。残念ながら、若い世代には回顧上映で接する以外、黒澤の偉業に直接触れる機会は少ない。

しかし、幸いなことにフィルムの保存技術が飛躍的に発達し、彼の全三十本の作品はデジタル化によってＤＶＤ全集として保存・販売されている。

幸か不幸か、黒澤はアーカイブ革命を知らずに、半世紀にわたる監督生活を閉じた。黒澤は、映画を花火に譬えている。

「助監督の時から僕は映画ってものは、その時その時で消えて行くものなんだから、火花のようにパッと咲いてはなくなるものだから、映画は時事性を入れて行かなければウソだとは思ってたね。時事性があるとは、トピックに当てこむという事じゃない。結局、その時の自分の気持ちに一番忠実な、出したいものを出す、ということだろう？」

それだけに黒澤は、一作一生の思いで全作品に挑んだ。そういう作品のＤＶＤをビデオショップで借りて、自宅の小さい画面のテレビで鑑賞されてはたまらない。

黒澤は映画館の大画面で観てほしいとつねに言っていた。そして大音響で楽しんでほしいと。黒澤映画のダイナミズムは人間の生理を圧倒する。

黒澤は、画も音もきわめて貪欲である。『天国と地獄』では実際の特急こだまを借用、そこに八台のカメラを据えて、酒匂川の鉄橋を渡る十何秒の瞬間、川の手前では人質の子供を確かめ、渡り切ったところで洗面所の窓から身代金の三千万円を投げ落とす……。黒澤はこの緊迫したシーンを、当時録音の最先端技術である四チャンネルで録った。

完成試写は一般向け上映が終わった有楽町のスカラ座で深夜の午後十一時過ぎに行われた。試写が始まり、映像は、権藤（三船）が重役たちとの膠着状態を断つために、サロンの窓を開ける。そのシーンにさしかかった瞬間に、立体音響の街の騒音がワッと入ってくる。しかし、狙った四チャンネルの効果がまったく無い。血相を変えた黒澤が立ち上がり、劇場関係者を激しく怒鳴った。

「ストップ！　ストップ！　ダメ、ダメ！　何だ、この音は、何が立体音響だ！　お客さんと一番接点のある劇場が、こんなんでどうするんだ。こっちは二年間、血みどろで作って来た作品なんだ。すぐ直せ！」（当時助監督の出目昌伸談）

まさに仁王立ちの黒澤は、場内に轟く罵声を浴びせた。

黒澤の撮影現場は、時として修羅と化す。欲しいものが強烈なだけに、そして一切妥協はしないだけに、現場は荒れ狂う黒澤だけを残して、助監督たちは姿を消す。

黒澤の三十作品に、こうした撮影中の様々なハプニングは枚挙にいとまがない。ある時は天才であり、ある時は奇人であったり、変人であったり、黒澤にとってそれはごく自然体である。それが黒澤の創造の秘密なのである。どれもこれも「血みどろで作って来た作品」なのである。

今回の黒澤明論は、人間黒澤に迫り、あの偉業を成し遂げた裏側、そこにある創造のシステムに肉薄してみた。天才・奇人・変人、その真実に迫る、そのささやかな、そして貴重な試みなのである。

私がこれまで思いに任せて書きためたものを、友人の上田康晴さん（エディターグループ銀杏の栞プロデューサー）に再編集してもらい流れを作って頂いた。これも私同様、黒澤への畏敬の念がなければできない作業と感謝している。

今回は山川出版社のご理解とご協力によって出版の運びとなりました。担当者の懇切なお世話を頂き、予想を超えて早く出版の運びとなりました。ここで改めてこの出版に携わって頂いた皆様に、心より感謝を申し上げたい。これも皆さんの黒澤映画への熱い思いが発刊に繫がったと信じてやみません。

この本が黒澤映画への良きガイドとなり、人間黒澤への愛と畏敬の念が高まれば、著者としてこれ以上の幸せはありません。敬称は省略させていただきました。

平成三十年七月吉日

都築 政昭

黒澤明の作品と歩み

一九四一年（昭和十六年）山本嘉次郎監督の助監督時代。『藤十郎の恋』やエノケンもののチーフ助監督を経て高峰秀子主演の『馬』を任され高評価。この作品が監督昇進のきっかけをつくった記念碑的作品。また、シナリオで『達磨寺のドイツ人』『静かなり』『雪』など傑作を書き、激賞される。

戦前・監督デビュー

一九四三年（昭和十八年）『姿三四郎』　三十三歳
一九四四年（昭和十九年）『一番美しく』　三十四歳
一九四五年（昭和二十年）『續　姿三四郎』　三十五歳
『虎の尾を踏む男達』（公開は昭和二十七年）

終　戦

焦土をフィールドに（三十六歳〜四十歳）
一九四六年（昭和二十一年）『わが青春に悔なし』　三十六歳
一九四七年（昭和二十二年）『素晴らしき日曜日』　三十七歳
一九四八年（昭和二十三年）『酔いどれ天使』　三十八歳

一九四九年（昭和二十四年）　『静かなる決闘』　三十八歳
一九五〇年（昭和二十五年）　『野良犬』　三十九歳
『醜スキャンダル聞』　四十歳
『羅生門』

豊穣の時代（四十一歳〜五十五歳）
一九五一年（昭和二十六年）　『白痴』　四十一歳
一九五二年（昭和二十七年）　『生きる』　四十二歳
一九五四年（昭和二十九年）　『七人の侍』　四十四歳
一九五五年（昭和三十年）　『生きものの記録』　四十五歳
一九五七年（昭和三十二年）　『蜘蛛巣城』　四十六歳
『どん底』　四十七歳
一九五八年（昭和三十三年）　『隠し砦の三悪人』　四十八歳
一九六〇年（昭和三十五年）　『悪い奴ほどよく眠る』　五十歳
一九六一年（昭和三十六年）　『用心棒』　五十一歳
一九六二年（昭和三十七年）　『椿三十郎』　五十一歳
一九六三年（昭和三十八年）　『天国と地獄』　五十二歳
一九六五年（昭和四十年）　『赤ひげ』　五十五歳

挫折、そして新たな挑戦（五十六歳〜八十歳）

一九六六年（昭和四十一年）　初ハリウッド進出作品『暴走機関車』制作中止　五十六歳
一九六九年（昭和四十四年）　日米合作『トラ・トラ・トラ！』で監督解任　五十九歳
一九七〇年（昭和四十五年）　『どですかでん』　六十歳
一九七一年（昭和四十六年）　自殺未遂　六十一歳
一九七五年（昭和五十年）　『デルス・ウザーラ』　六十五歳
一九八〇年（昭和五十五年）　『影武者』　七十歳
一九八五年（昭和六十年）　『乱』　七十五歳
一九九〇年（平成二年）　『夢』　八十歳
一九九一年（平成三年）　『八月の狂詩曲《ラプソディー》』　八十一歳
一九九三年（平成五年）　『まあだだよ』　八十三歳
一九九五年（平成七年）　『海を見ていた』のシナリオを書く
　『雨あがる』のシナリオ執筆中倒れる
一九九七年（平成九年）　三船敏郎死去（七十七歳）
一九九八年（平成十年）　黒澤明死去（八十八歳）九月六日午後〇時四十五分
二〇〇〇年（平成十二年）　遺作シナリオ『雨あがる』公開（小泉堯史監督）
二〇〇二年（平成十四年）　遺作シナリオ『海は見ていた』公開（熊井啓監督）

参考・引用文献一覧

「わかりきった事」映画評論一九四二年二月号　映画出版社
「映画作家の師弟対談記」東宝一九四六年三月号　東宝事業部
「わが青春に悔なし・製作覚書」映画製作一九四六年七月号　映画世界社
『わが青春の黒沢明』植草圭之助　文藝春秋
「『素晴らしき日曜日』について」映画ファン一九四七年四月号　映画世界社
「『酔いどれ天使』の演出ノート」映画春秋一九四八年四月号　映画春秋社
「『七人の侍』評」改造一九五四年六月号　改造社
「黒澤明・芸術を語る」映画新聞一九五〇年七日号
『黒沢明シナリオ集・野良犬』民友社
「音楽芸術」一九五四年九月号より　音楽之友社
「イノさんについて」黒澤明、「本多猪四郎君を語る」山本嘉次郎　キネマ旬報　一九五一年六月下旬号
「『蜘蛛巣城』をめぐって—黒澤明と岩崎昶との往復書簡」映画評論一九五七年三月号　映画出版社
「黒澤に訊く」キネマ旬報一九五二年四月号

「インタビュー故郷は地球」エスクァイア・日本版一九九一年六月号　エスクァイア・マガジン・ジャパン
「ニヒリズム」『戦後日本思想大系3』梅原猛（編集・解説）筑摩書房
「人間は信ずるのが一番大切なこと―対談・黒澤明×淀川長治」映画ファン一九五二年四月号　映画世界社
『蝦蟇の油―自伝のようなもの』黒澤明　岩波書店
『複眼の映像・私と黒澤明』橋本忍　文藝春秋
『異説・黒澤明』文藝春秋編
「黒沢明・その作品と顔」キネマ旬報増刊一九六三年四月号
『春や春カツドウヤ』山本嘉次郎　日芸出版
「映画が自由になる為に」シナリオ壱一九四六年八月十五日号　日本シナリオ作家協会
「アメリカ映画の故郷」映画の友一九四六年十一月号　映画世界社
「『黒澤明監督と語る』隅田一郎」丸一九四九年九月号　潮書房
「映画批評について」キネマ旬報一九四六年九月号
『黒澤映画の美術・乱』学習研究社
『新々実力者の条件』草柳大蔵　文藝春秋
『カツドウヤ自他伝』山本嘉次郎　昭文社
「アメリカで観た『生きる』」落合信彦　東宝レーザーデスク・パンフレット
「黒澤明ドキュメント」キネマ旬報増刊　一九七四年五月七日号
「牡丹と青桐」近代映画一九四六年八月号　近代映画社

「生きる力を観客へ」東京新聞夕刊一九六四年四月十一日
「インタビュー AKIRA KUROSAWA」シュプール一九九一年六月号　集英社
「黒澤明─天才の苦悩と創造」野上照代　キネ旬ムック二〇〇一年十一月十二日キネマ旬報社
『悪魔のように細心に！　天使のように大胆に！』黒澤明　東宝
「『七人の侍』ふたたび─黒澤明×井上ひさし×山田洋次」文藝春秋一九九一年十二月号
「追悼　黒澤明」キネマ旬報一九九八年十月下旬号
「わが愛読書」芸苑一九四六年七・八月号　芸苑社
「映画って他面体さ」朝日新聞夕刊一九九一年五月十日
『わたしの渡世日記』高峰秀子　朝日新聞社
「特別インタビュー黒澤明」月刊プレイボーイ一九八一年一月号　集英社
「インタビュー黒澤明大いに語る──『七人の侍』の構想と演出」映画の友一九五三年十二月号映画世界社
「二人の日本人・黒澤明と三船敏郎」キネマ旬報別冊一九六四年九月二十五日号
『黒澤明　夢は天才である』文藝春秋編一九九九年
「インタビュー黒澤明」ノーサイド一九九三年四月号　文藝春秋
『日本映画の時代『七人の侍』のしごと』廣澤榮　岩波書店
『世界の映画作家3　黒澤明編』一九七〇年　キネマ旬報社
『全集黒澤明　全七巻』一九八七年～二〇〇二年　岩波書店
「私の映画観」京都賞受賞記念講演
「映画にとって音楽は毒薬だ」週刊朝日一九八五年五月十七日号　朝日新聞社

「黒澤明『七人の侍』創造と秘密を語る」ニューフリックス一九五三年八・九月号　ビクター音楽産業
「黒澤明・津村秀夫対談」映画評論一九四八年七月号　映画出版社
「日本のスター『京マチ子の巻』」キネマ旬報一九六三年四月上旬号
「筑紫哲也対談『映画』をいかに摑むか」朝日ソノラマ
『黒澤明を語る人々』黒澤明研究会　朝日ソノラマ
黒澤明研究会会誌
「黒澤明独占インタビュー」週刊平凡パンチ一九七九年十二月三十一日・一九八〇年一月七日合併号
平凡出版
「黒澤明が自画像を語った！」週刊宝石一九九三年三月十八日号　光文社
『クロサワさーん！─黒澤明との素晴らしき日々』土屋嘉男　新潮社
『もう一度天気待ち─監督・黒澤明とともに』野上照代　草思社
「連載　女性の幸福21　やさしさに支えられて　黒澤喜代」女性セブン一九七一年六月十六日号　小
学館
「豪快にして繊細な黒澤明」鳩よ！一九八八年十二月号　マガジンハウス
『黒澤明の食卓』黒澤和子　小学館
『回想　黒澤明』黒澤和子　中央公論社
「映画監督」一九九八年十一月号　日本映画監督協会
『パパ、黒澤明』黒澤和子　文藝春秋
『わが弟子を語る─映画監督黒沢明と谷口千吉』山本嘉次郎　文藝春秋一九五一年五月号
『蜥蜴の尻っぽ』野上照代　文藝春秋

「日記『入洛記』」早坂文雄
「早坂のこと」『七人の侍』レコードパンフレット
黒澤明創作ノート
「ドキュメント『夢』大林宣彦インタビュー」
『ゴジラのトランク――夫・本多猪四郎の愛情、黒澤明の友情』本多きみ　宝島社
『僕らを育てた本多猪四郎と黒澤明』本多きみ　アンド・ナウの会
「怪獣映画と原爆映画」黒澤明研究会会誌十号
「三船君について」映画ファン一九四八年四月号　映画世界社
「『トラ・トラ・トラ！』の降板の新証言」文藝春秋二〇〇一年一月号
「走り出した四騎の会」白井佳夫　キネマ旬報一九六九年八月上旬号
「『トラ・トラ・トラ！』と黒澤明問題―白井佳夫」黒澤明集成Ⅲ　キネマ旬報社
『黒澤明　樹海の迷宮』ヴラジーミル・ヴァシーリエフ／野上照代／笹井隆男　小学館
『鍋の中』村田喜代子　文藝春秋
『大系　黒澤明』全四巻　浜野保樹（編・解説）講談社
「親友　小国英雄を悼む」シナリオ一九九六年四月号　映人社
「黒澤明『乱』語録」キネマ旬報一九八五年七月上旬号
「黒澤は語る」『乱』のプレスシートより
『黒澤明は考えている　ノアの箱舟と若き仔羊と』松江陽一　中央公論社
「黒澤明の秘密」週刊朝日一九五七年一月二十七日号
「黒澤明vsガルシア・マルケス」（『大系・黒澤明』第四巻〈所収〉講談社）

「内田百閒が面白い」小説新潮一九九三年四月号　新潮社
「日本映画死なず」週刊宝石一九九三年四月号　光文社
「話題作『まあだだよ』」マリ・クレール一九九三年五月号　中央公論社
『３００／４０　その画・音・人』佐藤勝　キネマ旬報社
『巨匠のメチエ――黒澤明とスタッフたち』西村雄一郎　フィルムアート社
「走り出した四騎の会」白井佳夫　キネマ旬報一九六九年八月上旬号

〔著者紹介〕
都築政昭（つづき　まさあき）
1934年愛知県生まれ。日本大学芸術学部映画学科卒業後、NHK製作業務局撮影部に入局。主にドキュメンタリー番組の製作に携わる。1987年、九州芸術工科大学（現・九州大学）教授、2000年、情報科学芸術大学院大学教授を歴任。2005年より評論家（映画・ロシア文学）に。主な著書に、『日本映画の黄金時代』(小学館)、『黒澤明と「七人の侍」』(朝日ソノラマ)、『小津安二郎日記を読む』(筑摩書房)、『黒澤明全作品と全生涯』(東京書籍)、『黒澤明の遺言』(実業之日本社)、『プーシキンの恋―自由と憂国の詩人』(近代文芸社)、『土門拳の写真撮影入門』(ポプラ社）ほか多数。

編集コーディネート：上田康晴〔銀杏の栞〕

人間《にんげん》 黒澤明《くろさわあきら》の真実《しんじつ》―その創造《そうぞう》の秘密《ひみつ》

2018年7月25日　第1版第1刷印刷　　2018年7月31日　第1版第1刷発行

著　者　都築政昭
発行者　野澤伸平
発行所　株式会社 山川出版社
〒101-0047　東京都千代田区内神田1-13-13
電話　03(3293)8131(営業)　03(3293)1802(編集)
https://www.yamakawa.co.jp/
振替　00120-9-43993

企画・編集　山川図書出版株式会社
印刷所　株式会社太平印刷社
製本所　株式会社ブロケード
装　幀　マルプデザイン（清水良洋）
本　文　梅沢 博

ISBN978-4-634-15141-3 C0074